JN410984

글로 그리는 얼굴

글로 그리는 얼굴

초판 1쇄 인쇄일 2019년 10월 18일
초판 1쇄 발행일 2019년 10월 25일

지은이 박용문
펴낸이 양옥매

펴낸곳 도서출판 책과나무
출판등록 제2012-000376
주소 서울특별시 마포구 방울내로 79 이노빌딩 302호
대표전화 02.372.1537 **팩스** 02.372.1538
이메일 booknamu2007@naver.com
홈페이지 www.booknamu.com
ISBN 979-11-5776-792-2 (03800)

이 도서의 국립중앙도서관 출판시도서목록(CIP)은 서지정보유통지원 시스템 홈페이지(http://seoji.nl.go.kr)와 국가자료공동목록시스템(http://www.nl.go.kr/kolisnet)에서 이용하실 수 있습니다.
(CIP제어번호 : CIP2019040476)

박용문 에세이

글로 그리는 얼굴

책과나무

차례

2부

구름의 여정 바람이 되고, 비가 되고, 물이 되어

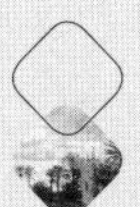

3부

풀밭에 앉아 개울물처럼 흐르다 쉼을 얻는

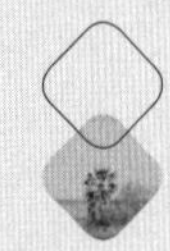

속삭이듯 한 음계 낮은 음성으로 삶의 이 모습 저 모습을 전달해주는 한밤의 음악 편지, 가슴 시린 사연도 아름답게 승화되는 그런 에세이집을 갖고 싶었다. 일기를 쓰듯 두서없이 무턱대고 써놓은 글들을 대강 추려 책으로 묶으려니 가장 맛있는 양념이 빠져버린 음식 같아서 조금 주저주저했다. 그러나 또 한 해가 속절없이 저물어 가는 세월의 강가에서 부족한 대로 내가 나에게 책 한 권 선물하는 심정으로 이 책을 묶는다.

다음에는 그 시간을 기다렸다가 귀 기울여 듣는 한밤의 음악 편지 같은 에세이집을 소망해본다.

밤을 잊은 그대에게 들려주는…….

2019년 10월

박용문

1부

◇

조그만 물웅덩이 날아올라 구름이 되듯

자화상

인생 사노라면 누구나 한 번쯤은 자신을 되돌아볼 때가 있다. 그럴 만한 특별한 계기가 있어서일 수도 있고, 허겁지겁 바삐 살아오는 동안 고달픈 어느 날, 문득 삶의 궁극적 목적에 의문을 느끼며 자신을 깊이 반추해 볼 수도 있다. 어찌 됐건, 그것은 바람직한 일이며 필요한 일이기도 하다. 왜냐하면, 깊은 자기 성찰을 통하여 개선 내지는 발전을 꾀할 수도 있을 테니 말이다.

나는 어떤 사람이며 지금 어디에 서 있는가?

내 자화상을 그려보면서 무엇 하나 내놓을 것 없는 자신을 돌아보니 이 가을 뚝뚝 떨어지는 낙엽처럼 쓸쓸한 마음이 되어 작은 한숨이 나온다.

꽤 오래된 일이지만, 우리 집 큰애가 초등학교 1학년 때 있었던 일로 기억한다. 학교에서 어머니 얼굴을 그려 오라는 미술 숙제가 있었다. 우리 애는 그림에는 별로 소질이 없어 뵈는 아이였다. 그러니 그림 그리기를 아주 싫어했다.

숙제이니 안 할 수는 없었을 터이고, 아이가 엄마 얼굴이라고 그려 놓은 내 얼굴은 전혀 나를 닮지 않은, 빵떡 같은 얼굴에 입만 커다란 못생긴 여자 얼굴이었다.

"얘, 이건 너무했다. 엄마가 이렇게 못생겼니?"

그때는 한바탕 웃고 말았지만, 사실 따지고 보면 그 그림 속의 여자보다 하나 나을 것도 없는 사람이 나 자신 아닌가 하는 생각이 들기도 한다.

아름다움의 기준은 어디까지인가? 사람의 아름다움을 외모로만 본다면 그건 시대 상황에 따라서 얼마든지 바뀌는 것이기 때문에, 아름다움의 상징인 비너스상마저도 요즘의 시선으로 본다면 뚱보 아줌마에 지나지 않는다. 그러니 진정한 아름다움이란 내면에서 찾아야 하지 않을까?

세월의 깊이만큼 인격도 깊이를 더해가는 사람, 그런 사람이라야 진정 아름다운 사람이 아닐까 생각하는데, 그런 기준으로 새겨보자니 문득 과거에 내가 몹시 존경했던 선생님 한 분이 떠오른다.

입가에는 늘 잔잔한 미소가 떠 있고, 누구에게나 칭찬하기를 즐겨하시던 분. 말씀이 없으셔도 묵직한 인격의 무게를 느낄 수 있어서 그 곁에 있으면 한없이 마음이 평안해지는 분이었다. 남을 헐뜯거나 자기 자신만 크고 다른 사람은 모두 작게만 보는 근시안들이 참 많은 요즘 세상에 참으로 귀감이 되는 분이기에 존경의 마음이 깊은 곳에서

부터 우러난다.

남에게 평안을 끼치는 사람, 그런 이가 이 사회에 조금만 더 많아진다면 세상은 한결 더 살 만한 곳이 되지 않겠나? 그것을 남에게만 미룰 것이 아니라 나 자신부터라도 조금씩 시도해야 할 것인데, 이 사회의 일원으로 살아오면서 나는 어떤 기여를 하였는가 생각해보게 된다.

지금보다는 조금 더 젊었을 때, 아니 어렸을 때라고 하는 게 올바른 표현이겠다. 반항이라고까지는 할 수 없지만, 이 사회에 부정적인 생각을 많이 가지고 있었다. 세상이 내게서 많은 것을 빼앗아 갔다고 생각했으니까. 사상이니 이념이니 하는 따위로 나라를 쑥대밭으로 만들어 한 가정을 처참한 지옥의 나락으로 떠다민 것이 무엇이었나? 그 전쟁 때문에 부모를 잃은 아이들이 마땅히 누려야 할 많은 것들을 빼앗아 간 것이 이 사회인 이상 나는 이 사회에 결코 호의적일 수는 없었다.

누구나 어렸을 때의 꿈이란 황당하리만치 크게 마련이다. 내 꿈도 찬란한 무지개였을 것은 당연하지 않겠는가? 그러나 편모슬하에서 자라면서 꿈의 날개를 펼치기란 하늘의 별 따기보다 어려웠다. 혹독한 고생으로 병약할 대로 병약해지신 어머니를 보며, 우리 형제들 누구 하나 자신의 소망만을 이루겠다고 나설 수는 없는 노릇이었다. 꿈은 고사하고 마땅히 누릴 최소한의 것마저 포기하며 자라야 했던 것이 우리 자매들이다.

나는 어렸을 때 유달리 노래 부르기를 좋아해서 나중에 커서 성악가가 되고 싶은 소망을 품고 있었다. 그러나 그 꿈은 우리 집 같은 환경에서는 어림없는 생각이라는 것을 어린 마음에도 어렴풋이 감지하여 아무에게도 그 마음을 내보인 적은 없었다. 다만 좋아하는 쪽으로 마음이 기울어 노래가 있는 곳을 찾아가게 되었는데, 텔레비전은 물론 라디오도 없던 시절에 오직 한 곳, 노래가 넘치는 곳은 교회 한 곳뿐이었다. 크리스마스가 다가오면 교회에 뻔질나게 드나들었다. 크리스마스 때는 평소보다 노래가 훨씬 더 풍성해지기 때문이다. 그러나 나는 언제나 구경꾼으로만 만족해야 했다. 그때 예쁜 옷 차려입고 무대 위에서 노래 부르는 아이들이 얼마나 부럽던지…. 나도 좀 시켜주기를 바라는 마음으로 바라보았지만, 내 소망을 알아주는 주일학교 선생님은 하나도 없었다.

선생님이 왜 나는 안 뽑아주실까 곰곰이 생각해보았다. 그 아이들은 모두 좋은 옷을 입었는데, 내 모습은 초라하기가 딱 거지꼴이었으니 누가 나를 눈여겨보아 줄까? 어린 마음에 그렇게 단정해버리고는 얼마나 상심이 되던지 다시는 교회를 찾지 않았다. 그렇게 떠나온 교회는 세월이 흘러 내 자식들이 주일학교에 다닐 나이가 될 때까지도 돌아가지 못했다. 그 뒤부터 나는 사람들 앞에 나서기를 꺼리는 내성적인 아이가 되어갔다. 사람들이 다가오면 반사적으로 내 모습부터 내려다보는, 매사에 자신 없는 아이가 된 것이다.

때때로 나는 깊은 공상에 빠져들곤 했는데, 그것은 현실에서 가질 수 없는 모든 것을 그 속에서는 누릴 수 있었기 때문이었다. 공상 속에서 나만의 성을 쌓고, 그 속에 칩거하기를 즐기게 되었다. 산과 들의 모든 자연은 내 공상 속 주인공들이다. 그래서인지 나는 친구가 별로 없었다. 그저 알고 지내는 모든 사람을 다 친구라고 여긴다면 얘기는 사뭇 달라지겠지만, 적어도 내가 친구라고 생각하는 사람은 딱 두 명뿐이었다. 그렇다고 해서 내 성격이 아주 폐쇄적인 것은 아니었다. 남다른 모성애로 길러주신 어머니의 은혜로 비뚤어지지 않고, 모나지도 않게 자랐다고 감히 자부한다. 그러나 그것은 온전히 내 어머니의 은혜였을 뿐, 이 사회로부터 받은 것은 아니었다. 그 생각은 아주 뿌리 깊어서 비록 이 사회 속에 몸담고 살지만 마치 이방인처럼 주위에 무관심했다.

아무에게도 해를 끼치며 살지는 않았으니 그것이면 충분하지 않으냐고 생각하면서 살았는지도 모른다. 그러나 이제 이만큼이나마 나이 들어 생각하니 그것은 잘못된 생각이었다는 것을 인정한다. 만약 절해의 고도에서 혼자 살았다면, 지금 이 사회의 질서가 되는 규범이나 도덕성 같은 것도 생각할 필요가 없었을 터이니 내 삶은 짐승의 그것이나 별 차이가 없었을 것이다. 지금 이웃이 있기 때문에 사람이 지켜야 할 몸가짐이나 규범을 지키면서 살고 있으니 그것은 엄밀히 따지면 사회로부터 받은 것이 된다. 어렸을 때도 가난했지만 소박하고 따뜻했던 이웃이 없었다면 우리의 삶은 훨씬 더 삭막했을 것이다. 내가 꿈꾸었던 장래의 내 모습이 내가 바라던 것이 아니라고 해서 그것을 모두 사회 탓으로만 돌린다는 것은 어불성설이라 할 만하다.

"신념을 가져라. 하겠다는 의지만 있으면 무엇이든 할 수 있다."

"하고 싶은 일이 있으면 아무리 힘들어도 끝까지 포기하지 마라."

엄마랍시고 지금 내 아이들에게 훈계인지 잔소리인지를 해대지만,

어쩌면 그것은 나 자신에게 던지는 회한의 뼈아픈 질책인지도 모른다.

가슴 속으로 황량한 바람이 분다. 언젠가 이 생을 마감할 때, 내 삶의 여정을 되돌아보며 내가 남긴 흔적이 어떤 것일까를 생각하니 마음이 숙연해진다. 아들아이가 그렸던, 빵떡 같은 얼굴에 커다랗던 그 입 대신에 말을 절제하며 고운 말 가려서 하는 조그만 입으로 바꾸어 그려 넣고, 대신 듣기를 많이 하도록 귀를 커다랗게 그려 넣어야겠다. 그리하여 주위 사람들에게 평안을 끼치는 아름다운 사람으로 가꾸어, 세월이 얼마쯤 더 흐른 후에는 부끄럽지 않은 자화상을 다시 한 번 그려보고 싶은 소박한 소망을 가져본다.

– 1992년 '길갈 문학' 수록

설빔

"아주머니, 못 입는 한복 있으시면 이불 만드세요."

삶이 풍요로워진 요즘 웬만한 집 장롱 속엔 단지 유행이 지났다는 이유만으로 입지 않는, 곱고 때도 채 묻지 않은 한복이 한두 벌쯤 있기 마련이다. 입자니 그렇고 버리기엔 아까운 한복을 이불로 만들어 재활용하라며 일감을 주문받으러 다니는 아주머니가 요즘 간간이 집에 찾아온다. 생각난 김에 옷장을 정리하다가 지금은 작아서 입지 못하는 딸아이의 설빔을 찾아냈다. 화려한 금박 무늬와 매끄러운 공단의 감촉이 딸아이를 아주 만족스럽게 해 주었던 설빔. 이 옷 솔기 솔기에는 지금은 부쩍 커버린 딸애의 유년 추억이 올올이 배어 있으리라.

늘 좋은 옷, 자기 맘에 드는 옷을 골라서 입을 수 있는 요즘 아이들에게도 역시 설빔만큼은 각별한 느낌인 모양이었다. 설날 아침, 고운 한복을 입혀 주었을 때 함박꽃처럼 좋아하던 딸아이를 보면서 아련한 추억에 잠기곤 했는데, 오늘 또다시 봄날의 아지랑이처럼 내 유년의 그리움이 피어오른다.

몸서리가 쳐지던 가난까지도 그리움으로 기억되는 것은, 그 가난으로 인하여 더 단단히 결속할 수 있었던 형제의 우애 때문이라고 믿고 싶다. 전쟁 후 폐허 위에 일구어야 했던 살림이니 오죽했을까마는 아버지가 안 계신 우리 집은 지독스럽도록 가난했다.

6·25 사변이 나던 해에 세 살배기였던 나는, 아버지와 오빠, 맏언니를 잃는 엄청난 불행을 알 리 없는 철부지였다. 전쟁의 와중에 크든 작든 상처 없는 집이 있을까마는 우리 집은 유독 그 정도가 심해서 어머니는 몇 번이나 삶을 포기하고 싶으셨단다. 왜 아니 그렇겠는가? 서른여덟 젊은 나이에 혼자가 되신 슬픔은 차치하고라도, 살림 밑천이라는 맏딸과 기둥 같은 아들을 졸지에 잃고, 아홉 살부터 세 살까지 조르르 딸만 넷을 이끌고 전쟁의 북새통을 헤쳐 사셔야 했으니, 그 기막힌 현실 앞에서 무너져 내리심은 어쩌면 당연한 귀결이 아니었을까? 그러나 차마 어쩌지 못하고 그 모진 형극의 세월을 사신 것은 네 딸의 천진한 눈망울들 때문이었으리라.

이를 다져 무신 어머니는 그때부터 오직 자식들을 위해 필사적이어야만 했다. 인자하고 따뜻한 성품이셨던 어머니는 힘겨운 나날들이었음에도 딸들 앞에서 어느 한 곳 흐트러짐 없이 언제나 단정한 모습이셨다. 아비 없는 후레자식 소리 들을세라 훈계하실 땐 서릿발 같아도, 매 한 번, 거친 소리 한 번을 안 치시고 언제나 솔선해 본이 되셨다. 아버지 몫의 사랑까지 쏟으며, 그늘 없이 우리를 길러내신 자랑스러운 내 어머니가, 그 쪼들리는 살림에서도 꼬박꼬박 우리들의 설빔을 지어 입히신 것도 아마 그 때문이 아니었을지…….

어디 이렇게 고급스러운 옷이었으랴? 한 번만 빨면 물감이 다 빠져버리는 차디찬 감촉의 인조견, 그것이 그 당시 서민들의 옷감이었다. 그것도 그리 흔한 것은 아니어서 새 옷을 입기란 일 년에 한두 번 명절 때뿐이었으니, 그 당시 아이들에게 설빔의 의미란 사뭇 지대한 것이었다. 동짓달만 되어도 벌써 동네에 옷감을 행상하는 아주머니들이 뻔질나게 찾아들었다. 그 옷감 장수를 가장 반기는 것은 으레 동네 여자아이들이었다. 나도 예외는 아니어서 한달음에 집으로 달려가 고함을 쳤다. "엄마, 정순이네 집에 옷감 장수 왔더라!" 하고 엄마를 잡아끌었다. 은근히 꾹꾹 찌르며 만류하는 언니들은 아랑곳없이 막무가내로 엄마를 잡아끌던 철부지 막내였던 나는, 어머니가 설빔을 지으시는 밤엔 바느질하시는 엄마 곁에 쪼그리고 앉아 잠들 수가 없었다.

"엄마 이거 누구 거야? 언니 거야, 내 거야? 언니 거야, 내 거야?"

엄마가 대답하실 때까지 다그쳐 물어대는 내게 어머니는 그저 빙그레 웃으실 뿐 대답하지 않으셨다. 어느 딸의 마음도 섭섭하게 하지 않으려는 어머니의 의중을 헤아리지 못하던 나는 대답 안 하시는 엄마가 답답해서 엄마 무릎을 흔들어가면서 내 옷 먼저 만들라고 떼를 써대곤 했다.

손꼽아 기다리던 설날 아침, 새벽부터 일어나서 세수하고, 떡국도 먹는 둥 마는 둥 마음은 온통 설빔에만 쏠려 있어서 배고픈 줄도 몰랐다. 아침상을 물린 후 차곡차곡 입혀주시던 그 아침의 설빔, 마음은 풍선처럼 부풀어 금방이라도 뻥하고 터질 것만 같았다. 차가운 감촉의 인조견이지만 절대 춥지 않았던 것은 어머니의 사랑까지 덧입혀 주셨기 때문인 것을 그때는 알지 못했다.

딸자식 추울까 봐 두둑하게 솜을 두어 만드신 노랑 저고리, 화사한 꽃분홍색 치마! '옷이 날개'라는 말이 있듯이 그것은 나에게 옷이 아니라 날개였다. 그러기에 널뛰기를 할 때도 그렇게 높이 높이 오를 수 있었을 게다. 지금도 그 꽃분홍색의 치마가 날개가 되어 나풀나풀 나의 기억 속을 날아다닌다. 언제까지나 빛바래지 않는 날개가 되어.

지금 제아무리 고급스러운 옷이 있다 한들 그때의 그 설빔과 견줄 수 있으랴! 내 어머니 핏빛 정성이 올올이 박음질 된 그 설빔과.

– 1992년 '길갈 문학'

다시 만난
아기 청개구리

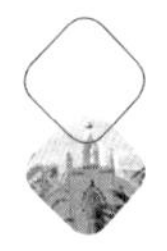

"어! 이게 뭐야. 청개구리잖아? 이 녀석 여태 살아있었네. 여보! 이리 와 봐요. 이 청개구리가 살아있었어."

평소에는 그리도 과묵하던 애들 아빠가 사뭇 흥분된 소리로 나를 부른다. 겨울 동안 추위에 눌려 가라앉았던 집안 분위기를 밝고 산뜻하게 바꿔 보자고 모처럼 집에 있는 남편을 졸라 집 안팎 대청소를 하던 중이었는데, 손바닥만 한 화단을 손질하던 남편이 화단에서 청개구리를 발견한 것이다.

"어디, 어디요? 정말이네! 정말 너 살아있었구나!"

우리 부부는 전쟁터에 나갔던 자식이라도 살아 돌아온 양 반가움으로 한참이나 청개구리를 들여다보았다.

이 청개구리가 우리 집에 온 것은 작년 가을 느지막해서였다. 김치를 담그려고 배추를 다듬고 있는데 중학생인 딸아이가 거들겠다고 쪼

그리고 앉아 배추 한 포기를 집어 들다가 기겁을 해서 배추를 내동댕이치는 것이다. 이 애가 웬 호들갑일까 하고 던져버린 배추를 집어 들었다. 배춧잎보다 더 파랗고 고운 아기 청개구리가 낯선 환경에 겁이 나는지 심하게 가슴을 벌렁거리며 배춧잎에 앉아 있었다. 나는 살며시 집어서 손바닥 위에 올려놓았다. 딸아이는 더럽고 징그러운 걸 만진다고 성화가 대단했지만, 오랜만에 고향 마을에 온 것 같은 설렘으로 고 귀여운 아기 청개구리를 들여다보았다. 어릴 적 내 고향 마을에 지천으로 뛰어다니던 크고 작은 개구리들, 모내기 철이 다가오면 물 댄 논에서 개구리들의 대합창제가 열리곤 했었지…….

지금은 독한 농약들을 과다하게 뿌려 개구리나 곤충들이 맘 놓고 살 수 있는 땅이 점점 사라져 가고, 더불어 자연 조화의 아름다움이 깨어져 버린 것이 안타깝기 그지없다. 그런데도 아기 청개구리는 용케도 살아서 도회지인 우리 집까지 찾아와 나에게 이렇게 가슴 찡한 향수를 불어넣어 주니 참으로 귀하고도 반가운 손님이 아닐 수 없었다. 다리가 저린 것도 있고 쪼그리고 앉아 아기 청개구리와 함께 고향의 산과 들 구석구석을 헤집고 다니다가 문득 현실로 돌아와서는 이 조그만 친구를 어떻게 할 것인가를 고민하기 시작했다.

도시의 삭막한 콘크리트 바닥에선 살아가지 못할 텐데……. 들에 데려다 준다고 해도 늦가을이라 이미 추워진 날씨에 살 것 같지 않고. 우리 가족은 밤이 되도록 의견이 분분했으나 별 뾰족한 묘안을 찾지 못했다.

아들아이는 그까짓 청개구리 한 마리 죽는다고 뭐 그리 야단이냐고 아무 데나 두라고 시큰둥해 했다. 고등학생인 아들아이는 늘 공부에 짓눌려서 어렸을 때의 곱고 섬세하던 마음이 점점 무디어져만 갔다. 참 안타까운 현실이다. 그것이 비단 우리 집 아들뿐이겠는가? 무한 경쟁 시대에 공부라는 과중한 짐을 짊어진 데다 보이는 건 온통 삭막한 것뿐이니 어찌 정서가 메마르지 않겠는가? 그래서 나는 틈틈이 엄마의 어린 시절 이야기를 들려주며 가끔은 가까운 교외로 데리고 나가 자연 속에서 놀게 해주려고 노력했다.

밤이 늦어 할 수 없이 우리 집 화단에 아기 청개구리를 놓아주었다. 손바닥만 한 땅이지만 그래도 흙이 있고, 약간의 풀이 있는 곳은 거기뿐이었기 때문에 생각해낸 최선의 선택이었다.

그랬는데 그 아기 청개구리가 추운 겨울을 혼자서 이겨내고 이렇게 살아서 봄날 우리 집 작은 화단에 모습을 나타낸 것이다.

"여보, 참 용하지요? 어떻게 뭘 먹고 그 추위에 살았을까요?"

나는 신기하고 대견해서 어쩔 줄을 몰랐다.

"먹기는? 개구리가 겨울잠 자는 걸 당신 잊었어? 내가 혹시나 해서 화단에 가랑잎을 잔뜩 덮어 놨었지. 그 밑에서 겨울잠을 잤을 거야."

"어머, 그랬어요? 그렇게 된 거구나! 이제부터 이 꼬마 친구는 우리 식구예요. 우리가 잘 돌봐줍시다."

나이도 잊은 채 어린아이처럼 들뜬 나에게 남편은 말했다.

"섣불리 돌보아준다고 귀찮게 하는 건 돌보는 게 아니야. 지금까지도 혼자 잘 살아왔는데, 자연에서 배운 제 방식대로 살게 그냥 내버려둬. 그게 돌보는 거라고!"

나는 남편의 말에 공감했다.

구름 속에서 얼굴을 내민 햇살이 눈이 부신지 아기 청개구리는 몸을 폴짝 뛰어 초록 잎사귀 뒤로 숨어버린다. 아기 청개구리가 가져다준 상큼한 기분으로 오늘 하루는 힘든 줄도 모르고 콧노래 부르며 대청소를 마쳤다. 이제부터 우리 가족이 된 아기 청개구리가 우리 집 화단에서 오래오래 살아주기를 바라는 마음 간절하다.

– 1992년 계간 아동문학 연구 가을호 수록

어버이날에

수원행 국철을 타고 가다 보면 한가로운 시골 간이역 같은 역사가 나온다. 어머니를 뵈러 가려면 그 역에서 내려야 하는데, 나는 그 한가로운 풍경이 마음에 들어 플랫폼에 군데군데 마련되어 있는 벤치에 한참씩 앉았다 가곤 한다. 벤치라야 시멘트를 아무렇게나 뭉뚱그려 놓은 것 같은 볼품 없는 콘크리트 의자지만, 그래도 그 벤치에 앉아 하늘을 보면 서울에서 보던 하늘보다 한결 파아란 하늘을 볼 수 있어서 좋고, 탁 트인 벌판에 제멋대로 돋아난 풀꽃들이 눈을 싱그럽게 해 주어서 좋다.

오늘은 어버이날. 나는 그 역에서 내렸다. 어버이날인데 어쩌다 보니 카네이션을 준비하지 못했다. 철로 변에 지천으로 피어 있는 토끼풀꽃이 참으로 귀엽다. 저 꽃을 다 따다가 부케를 만들어 어머니 가슴에 꽂아드리면 어떨까? 온실 속에서 자란 꽃다발보다 결코 못하지는 않을 거야! 카네이션을 준비하지 못한 민망함을 그렇게 변명하며 며칠 전 딸아이가 선물로 사 들고 들어온 장미꽃을 생각했다.

고등학교를 갓 졸업한 딸아이가 아르바이트를 시작했는데, 요즘 뻔질나게 꽃을 사 들고 들어온다. 낮에는 공부하고 저녁에 서너 시간씩 시간제 일을 하는데 학교 성적에 지장을 줄까 봐 처음엔 말릴까 했지만, 세상살이 어려운 것을 배우는 것도 공부다 싶어 그냥 두고 보기로 했던 터였다. 딸아이가 첫 번째 주급을 받던 날, 꽁무니에 무엇을 숨겨 들었는지 뒷짐을 지고 주춤주춤 내 앞으로 걸어오더니 불쑥 이러는 거였다.

"짜자자 잔! 엄마 아빠의 결혼기념일을 축하합니다!"

그러면서 화사한 장미꽃다발을 내미는 것이다. 맵싸한 향기에 너무나 탐스러운 흑장미가 방안을 온통 환하게 해주었다. 그런데 불과 사흘 뒤, 또 카네이션 두 송이를 사 들고 들어와서 제 아빠와 내 가슴에 한 송이씩 꽂아 주며 "어버이 은혜 감사합니다." 하는 것이다. 그도 그럴 것이 우리의 결혼기념일은 5월 5일 어린이날이니 불과 사흘 뒤가 어버이날인 것이다.

"고맙구나! 네 그 고사리 같은 손으로 힘들게 번 돈을 꽃값으로 다 썼겠구나!"

나는 고맙고, 기특하고, 대견해서 얼핏 적당한 말이 떠오르지 않았다. 딸아이는 세상에 태어나서 제 손으로 처음 번 돈을 가장 보람 있게 썼다는 흐뭇한 표정으로 또 이러는 거였다.

"뭘, 당연한 걸 가지고……. 엄마도 해마다 어버이날이면 외할머니한테 갔잖아. 엄마, 올해도 갈 거지?"

"그럼, 가야지. 기다리실 텐데."

나는 또 가슴 밑바닥이 찌릿하게 저려 왔다. 어머니, 그 이름만 떠올려도 연민으로 늘 가슴이 미어지는, 이제는 빛바랜 낮달처럼 하얗게 늙으신 나의 어머니! 한평생 아무개의 아내라는 호칭보다 과부라는 호칭을 더 길게 달고 사셔야 했던, 고난과 역경으로 점철된 생애, 이제 어머니는 그 목숨의 잔여 분량이 얼마나 남았을지 어림도, 짐작도 하기 어려울 만큼 어머니의 생명은 사그라져 드는 등잔불 같다. 어머니의 그 한 많던 세월 지켜보며 자랐으니 그리 새삼스러울 것도 없으련만, 오늘 또 이리도 내 가슴에 천둥이 침은 어째서일까?

해마다 어버이날이면 연례행사처럼 어머니를 찾아뵙긴 했다. 그러나 나는 그리 효성스러운 딸은 아니다. 모진 고생을 하신 탓에 늘 몸이 편찮으신 어머니를 좀 더 자주 찾아뵙지도 못했고, 어쩌다가 찾아뵈어도 그저 응석 부리는 막내였을 뿐 아무것도 해드린 것이 없다. 이제 내 나이도 어언 사십의 중반을 넘어섰으니 어머니의 저 모습은 곧 닥쳐올 내 모습일 수도 있는데, 나는 내 자식들에게 어떤 모습을 보여주었는가?

핵가족 시대로 접어든 요즘은 부모 자식 간의 사랑도 점점 메말라간다. 아울러 신세대들에게 효도를 바라기란 하늘의 별 따기만큼이나 어려운 일이 되어버렸다. 그렇다고 그것을 단지 시대 탓으로만 돌릴 것인가?

'할아버지를 져다 버린 지게'라는 동화를 구태여 인용하지 않더라도 자식은 부모의 거울이 아니던가? 아무리 시대가 바뀌었기로, 자식이 부모를 향해 따뜻한 가슴으로 살아주기를 바라는 마음이 나 하나만의 욕심은 아닐진대, 이제 내 아이들은 내가 일일이 타이르고 훈계하지 않아도 될 만큼 자랐다. 그러나 열 마디 말이 무슨 소용이 있으랴. 내 행동 하나하나가 그대로 다 산 교육이었을 것을……. 아찔함과 회한이 차가운 얼음가루처럼 등줄기로 쏟아져 내린다.

오늘도 어머니가 좋아하시는 떡 몇 가지 주섬주섬 사 들고 가서 어머니 앞에 펼쳐 놓고, 여전히 응석받이 막내딸로 선웃음 치며 어머니 곁에 몇 시간 머물다 돌아오지만, 마른 검불 같은 어머니의 모습에 가슴속으로 추적추적 비가 내려서 돌아서는 발걸음은 언제나 천근이다.

83세의 고령이심에도 몸 매무새 하나라도 흐트러뜨리지 않으려고 애쓰시며 아직도 대쪽 같은 자존심에 사리가 분명하신 어머니! 얼마 안 되는 용돈을 어쩌다 드려도 한사코 안 받으시겠다며, 너희들 잘 사는 게 효도하는 것이라고 오히려 당신께서 뭐 줄 것이 없나 찾아보시는 나의 어머니! 요즘 그 어머니의 가장 큰 소망은 주무시다가 고통 없이 하루빨리 하나님 품에 안기는 것이란다.

석양이 곱게 내리는 저녁 길을 쓸쓸히 돌아오며 그 말씀이 시사하는 의미를 뼈아프게 되새겨 본다. 가슴에 뿌리로 남을 회한을 줄이기 위해서라도 좀 더 자주 찾아 뵈어야겠다고 다짐하면서.

– 1994년 계간 아동문학연구 가을호 수록

언제나 빛나는 아침이기를

뺨에 스치는 봄바람이 아기의 머릿결처럼 부드럽습니다. 푸른 들판으로 달려나가 깊이 숨을 들이마시면 달착지근한 바람이 가슴을 풍선처럼 부풀게 합니다. 이런 날은 눈을 감고 바람을 잔뜩 마신 풍선이 되어 내 유년의 뜨락으로 날아가고 싶어집니다.

이맘때쯤 마을 앞 논에는 소복이 자란 개삘기가 파도처럼 넘실거렸지요. 논두렁, 밭두렁에는 나물 캐는 여자아이들이 꽃처럼 예뻤습니다. 뒷동산 무덤 앞엔 항상 잔디가 폭신했었지요. 그 잔디밭에 앉아서 누군가에게 동화 같은 편지를 쓰고 싶습니다. 받는 사람은 나의 딸이어도 좋고, 이웃집 꼬맹이래도 좋고, 모든 어린이라 해도 좋고, 또는 빨강 머리 앤이라 해도 좋겠지요. 누구든 내 편지를 받는 사람은 반갑게 읽어주었으면 좋겠군요.

하루의 시작이 아침이듯이 계절의 아침은 봄이겠지요. 그래서인지 봄에는 모든 것이 새것이어서 반짝반짝 빛이 나지요. 연녹색 풀잎 위에 내린 이슬방울, 호롱불 켜 든 노란 개나리, 구름처럼 피어나는 화사한 벚꽃, 그보다 더 빛나는 것은 햇살 같은 어린이 함박웃음이지요. 나는 어른이긴 하지만 어린이처럼 사는 것이 좋답니다. 인생의 빛나는 아침은 어린이거든요.

며칠 전 시내에 나갔다가 새로 생긴 엄청나게 큰 서점에 들렀어요. 거기서 몇 권의 동화집과 동시집을 사왔지요. 어른들도 동화책을 읽느냐고요? 그럼요! 내 생각엔 어른들일수록 동시나 동화를 더 읽어야 한다고 생각하는 사람입니다. 왜냐하면 어른들도 모두 동심을 간직하고 살아간다면 이 세상은 훨씬 살기 좋고 아름다운 세상이 될 것임이 틀림없거든요. 올해는 책의 해여서 그런지 서점에는 책이 예전보다 훨씬 많았고, 책을 사러온 사람들도 참 많았어요. 어릴 때 참 갖고 싶었던 예쁘게 생긴 동화책들이 가득가득 쌓여있더군요.

내가 어렸던 시절엔 우리나라가 몹시 가난해서 책뿐만 아니라 모든 것이 넉넉하지 못했지요. 가난한 시골에서 살았던 나는 교과서 외엔 다른 책은 가져본 적이 없었어요. 요즘은 동화책도 고학년용, 저학년용, 유아용으로 구분되어 나와서 어린이들이 연령에 맞는 책을 골라서 읽을 수 있으니 얼마나 이해하기 쉽고 재미도 나겠어요? 어린이들의 무한한 상상력을 키워주는 그런 책이 그때도 많이 있었더라면 아마도 지금쯤은 우리나라 사람들이 노벨 문학상을 휩쓸게 되었을지도 모르지요. 왜냐하면 어렸을 때 읽은 책 몇 권이 사람의 평생을 좌우하는 일은 얼마든지 있거든요. 그때는 책을 못 읽는 대신 부모님이나 할머니, 할아버지께서 구수한 옛날이야기를 자주 들려주셨는데, 콩쥐 팥쥐, 장화홍련전 같은 이야기는 그때 들었었던 이야기들이지요.

요즘 어린이들은 텔레비전이나 전자 오락기에 재미를 붙였지만 그보다 더 중요한 것이 책 읽는 습관입니다. 특히 어렸을 때 읽은 책은 평생 기억에 남아 어른이 된 후에 그것이 힘이 되어 주는 일은 아주 흔한 일입니다.

참으로 책이 귀했던 그 시절에는 어쩌다 재미있는 책이 생기면 친구들끼리 돌려가며 읽었는데, '빨강 머리 앤'도 아마 그때쯤 읽은 책이 아니었나 생각되네요. 책 표지도 떨어져 나가고, 책장도 군데군데 찢어져서 지은이가 누구인지, 책 제목이 무엇인지조차도 모르고 읽었지요. 나중에 그 책이 '빨강 머리 앤'이란 것과 지은이가 '루시 모오드 몽고메리'여사라는 것을 알았지요.

빨강 머리 앤은 불우한 고아 소녀인데, 주근깨투성이에, 빨강 머리에 못생긴 소녀예요. 그러나 아름다운 것을 동경한 나머지 훌륭한 상상력으로 힘들고 어려운 역경도 잘 헤쳐나가지요. 아무리 절망적인 상황에 처해있어도, 공상이나 책 속에서 행복으로 바꾸어 버리는 밝은 성격을 가진 소녀예요. 나는 '빨강 머리 앤'을 읽고 나서 그만 그 소녀에게 홀딱 빠져버렸지요. 그 뒤 나에게도 어려움이 닥치거나 갖고 싶은 것을 참아야 할 땐, 빨강 머리 앤을 생각했어요. '이럴 때 앤이라면 어떻게 했을까?' 생각해 보고는 나도 앤처럼 공상 속으로 빠져들어가버리고는 했지요.

지금 생각해보면 빨강 머리 앤이 불우한 환경 속에서도 꿈을 잃지 않았던 것은 아름다운 자연 속에서 살았기 때문이 아닐까 생각돼요. 앤이 살던 '애본리'마을은 천국은 아마 그런 곳일 거라고 생각할 정도로 아름다운 곳이지요. 그렇게 아름다운 것들을 날마다 보면서 사는데 어떻게 마음이 나빠질 수 있겠어요? 지금도 나는 그 책을 즐겨 읽습니다. 그리고 빨강 머리 앤은 책을 읽은 그 순간부터 내 친구가 되었지요.

나는 이 편지를 내 상상 속의 앤에게 띄워 보냅니다. 물론 여러분에게도 보내는 것이고요. 나의 편지를 받아 본 어린이마다 꿈이 담긴 책들을 많이 읽었으면 좋겠습니다. 요즘은 아름다운 자연이 자꾸만 없어져 가고 있는데, 동화 속 세상은 없어지지 않는 꿈과 아름다움이 살아 있거든요. 동화 속 나라는 언제나 빛나는 아침이지요. 어린이 여러분이 바로 그 동화 속 나라의 멋진 주인공이라는 걸 잊지 마세요.

1993년 책의 해 특집

월간 소년문학 4월호 수록

여름에 얽힌 이야기

봄, 여름, 가을, 겨울, 사계절 중에 사람마다 제각기 특히 좋아하는 계절과 싫어하는 계절이 하나씩은 있을 것이다. 이 계절들은 나름대로 특유의 장단점을 가지고 있어서, 계절 이름 앞에 여러 가지 수식어가 붙어 다닌다. 사람들은 자기가 좋아하는 계절을 말이나 글로 나타낼 땐 특히 더 미사여구에 신경을 쓰는 것 같다.

나는 가을을 특히 좋아하지만, 말재주도, 글재주도 없는 고로 가을에 내가 생각해 낸 멋진 수식어를 하나도 붙여 주지 못했다. 그저 남들이 해 놓은 말을 인용해서 써먹을 뿐이니 그 점 가을에게 미안하게 생각한다.

지금은 좀 달라졌지만, 특히 싫어하는 계절은 여름이었다. 그 이유를 모두 대자면 장황해지겠지만, 꼭 하나만 집어내라면 더위를 유난히 못 견디는 체질 때문인 것 같다. 남들은 바캉스다 뭐다 해서 산이나 바다를 찾아다니면서 여름을 즐기지만, 나는 본시 사람 많이 모이는 곳을 싫어해서 피서법은 고작해야 대야에 발 담그고 앉아 책이나 읽는 정도니, 그 끈적끈적하고 숨 막히는 여름이 즐거울 리 있겠는가? 그래도 많은 사람이 여름을 좋아하는 까닭에, 시인들은 여름 예찬의 시를 무수히 지어놓았고, 원색의 계절이니, 낭만의 계절이니, 젊음의 계절이니 하는 수식어 또한 풍성해서 여름은 그 어떤 계절보다도 화려한 말치장을 한 것 같다. 그러고 보니 여름은 젊은(어린) 사람일수록 더 좋아하는가 보다. 그러니 이런 동시도 나오지 않았겠는가.

햇살이 따가와도 여름은 좋아
우리는 벌거벗고 물에서 논다

이 동시는 아동문학 문단에 큰일을 하시는 아동 문학가 Y 선생님께서 쓰신 동요다. 내가 지금은 여름을 과하게 싫어하지 않게 된 동기도 그 선생님과 무관하지 않다.

어릴 땐 제법 문학소녀랍시고 일기장 갈피마다 흥건히 낭만이 젖어들곤 했는데, 결혼과 더불어 살림하랴, 아이 키우랴, 문학의 미음자마저 까맣게 잊고 산 세월이 십수 년이었다. 불혹의 나이가 되어서야 문득 잃어버린 고향을 찾듯 여기저기 문학 강좌의 문을 기웃거리다가 선생님께서 이끄시는 어느 스터디 그룹에서 선생님을 처음 뵙게 되었는데, 어찌나 쉽고, 재미나고, 맛있게 강의하시던지…….

난 첫 시간에 어처구니없게도 동시는 아무나 쓸 수 있는 만만한 것쯤으로 착각하고 가히 기고만장했었다. 내 노트엔 날마다 말도 안 되는 동시들로 빽빽하게 채워졌고. 선생님께서는 이 싹수없는 제자의 문학 열의가 꺾일까 봐 억지로 칭찬 거리를 찾아내시느라고 노고가 크셨을 게다. 몇 년이 흐른 지금은 오히려 동시를 단 한 줄도 못 쓰고 있으니, 그때의 내 작품들이 얼마나 우습고 부끄러운 것이었는지 지금 생각하면 얼굴이 화끈거려 쥐구멍이라도 찾고 싶다. 그래도 내가 지금까지 좌절하지 않고 아동 문학가 대열에 끼일 수 있게 된 것은 선생님의 노련하신 지도 방법 덕분이란 걸 생각할 때 선생님의 은혜가 참으로 고맙게 느껴진다. 사람들은 Y 선생님을 가리켜 학처럼 고아한 이 시대의 마지막 선비라고들 하는데, 그런 분이 나의 문학 은사라는 건 내게 여간 행운이 아니다.

아무튼, 나는 선생님 덕분에 문학적 발전을 거듭하게 되었고, 세미나에도 열심히 쫓아다니게 되었다. 문학세미나는 왜 여름에만 여는지, 대부분 여름이면 개최하는 세미나에 참여하기 시작하면서부터 나도 여름을 과히 싫어하지는 않게 되었으니……. 아동문학 세미나는 전국에 흩어져 사는 아동 문학인들의 친교의 장이 되어 줄 뿐만 아니라, 작품으로만 뵙고 흠모해 마지않던 문단의 어른들도 직접 뵈올 수 있는 귀중한 모임이었다.

특히 아동문학을 하면서 내가 거듭 고맙게 느끼는 것은, 때 묻지 않은 동심을 그대로 간직하고 있는 사람들을 많이 사귈 수 있다는 점이다. 마음이 순수한 사람을 만나면 내 마음도 맑아지는 것 같아 기분이 좋다.

지난여름에도 나는 문학세미나에 다녀왔다. 7월 22~23일 양일간에 걸쳐 치러진 이 행사는 통일촌 자유회관에서 열렸다. 올해는 특별히 참가 신청자가 예상보다 많았는지 내가 집합 장소인 경복궁 동편 주차장에 도착했을 때는 출발시각보다 훨씬 빨리 도착했음에도 불구하고, 준비한 대형 버스 두 대가 이미 가득 차 있었고, 몇 대의 승용차에도 회원들이 나누어 타고 있었다. 나는 버스를 타지 못하게 되었으므로 풀꽃 동인회 회장이신 송계훈 선생님의 승용차를 타고 가게 되었는데, 아무리 세미나 모임이 좋아 여름까지 싫어하지 않게 되었다손 치더라도 에어컨 장치가 안 되어 있는 송 선생님의 승용차는 가히 용광로가 무색할 지경이었다. 차창을 열어놓고도 연신 부채를 팔랑대면서, 우리나라에도 이처럼 청렴한 콜롬보(이 분의 직업은 형사다) 씨가 있다는 것이 내심 흐뭇하기도 하였다.

통일촌은 전방 지대라고 해서 특별히 살벌하지는 않았다. 예상했던 것만큼 불안하거나 긴장되는 분위기는 아니었다. 오히려 지리적인 특수성 때문인지(민간인 통제구역) 우리의 농촌 어느 곳보다도 고요했다.

간단한 등록 절차를 마치고, 저녁을 먹고 주제와 발제 강연을 거쳐 자기소개 및 장기자랑을 하는, 회원 상호 친교의 시간은 언제나 나를 들뜨게 했다. 밤이 깊어 갈수록 행사의 분위기는 절정을 이루었다. 처음 만난 회원끼리도 친밀감을 느끼게 될 무렵이면 감자 구워 먹으며 모닥불 주위에 둘러앉아 목청껏 부르는 동요가 우리의 나이를 몇십 년씩 되돌려 놓았다.

만남, 이렇게 기분 좋은 만남은 우리의 삶에 얼마나 신선한 활력소와 자양분이 되어 주는가! 그래서 나는 벌써 내년 여름을 또 기다린다.

그리고 달맞이꽃 흐드러지게 피고 별빛 영롱하게 쏟아지던 그 여름 밤을 오래오래 잊지 못할 것만 같다.

– 1995년 계간 아동문학 가을호 수록

나다운 나

가끔, 아주 가끔은 나 자신을 들여다본다.

나라는 사람은 과연 어떤 사람인가?

나라는 사람을 형성하고 있는 모든 것, 성품이나 성격 같은 것을 찬찬히 들여다보면 내가 보는 나와 보이는 나는 아주 다르다. 보이는 내가 나의 전부는 아니듯이 어떤 땐 나도 나를 알 수가 없다. 내 속에 깊이 침잠되어 있는 나의 본질은 낳고 길러 주신 부모님도 다 아시지는 못하셨을 터인데, 나도 모르겠으니 나를 지으신 신께서나 아실 것인가?

지금까지 나는 나를 순한 사람이라고 오해하며 살아왔다. 기억해낼 수 있는 범위 내에서 살아온 날들을 되돌아보면 누구와 크게 다툰 일 없이 그저 조용조용 살아왔으니까 말이다. 더불어 사는 세상이니만큼 서로 이해타산이 맞물려 성가신 일이 생기면 거의 내가 좀 손해를 보는 것으로 일을 마무리짓곤 했다. 조금 비켜서는 게 아귀다툼으로 받는 상처보다 쉽기 때문이다. 그러니 나를 순하다고 오해할 소지는 충분했고, 그 오해가 견고해지도록 주변에서도 나를 부추겼으니 내 본질을 알 기회가 없었다. 어릴 적 별명도 '순둥이'였다. 어머니는 이렇게 증언하셨다.

"너는 어릴 때 하도 순해서 저 아이가 아무래도 좀 바보이지 싶었단다."

그러니 나 자신에게 완벽하게 속을 수밖에 더 있었겠나?

나이 들어 늙고 보니, 세상의 이치가 이제는 한눈에 들어온다. 투시안이 생겨서가 아니라 경험으로서 감춰진 것도 보이고, 열 길 물속보다 깊다는 사람 속도 웬만큼은 보인다. 그래도 나는 여전히 속았다. 예전에는 모르고 속았지만, 이제는 알므로 속는 척 속아주었다. 속아주는 것 또한 후폭풍에 시달리는 것보다 쉬우니까 말이다. 내가 진실을 규명하겠다고 악을 쓰면 상대 또한 악을 써댈 것이니 그 얼마나 피곤하고 괴로운 일이냐?

그랬는데 이제는 생각을 바꿔먹어야겠다. 버릇이 습관이 되고, 습관이 오래되면 성격이 된다 하지 않던가. 그것이 제2의 성격으로 굳어지기 전에 오해로 방치돼왔던 상태에서 나를 건져내야겠다. 아니 건져낼 수밖에 없다.

이제까지의 나를 곰곰이 생각해보니 그와 같은 나의 태도는 순해서가 아니라 생활의 여유에서 비롯된 듯도 하다. 생활의 여유라고 말하면 무슨 재벌 집 마나님이냐 할 수도 있겠으나 여기서 말하려는 여유란 물질적인 여유를 말하는 것이 아니다. 믿음에서 오는 마음의 여유를 말하는 것이다. 그렇다면 그렇게도 신앙심이 깊으냐고 반문할 수도 있는데, 그것 또한 아니다. 내가 말하는 믿음은 종교적인 믿음이 아니요, 사람을 향한 믿음이다.

사실 우리네 일상생활에서 종교적인 믿음으로 세상 풍파에서까지 마음의 여유를 부리는 사람이 몇 명이나 될 것이냐? 신앙심이 그 정도의 경지까지 도달하려면 신으로부터 특별한 은사나 계시를 받은 성직자라면 모를까 일반인으로서는 쉬운 일이 아닐 터이다. 나에게 그토록 여유를 갖게 해 준 믿음은 어릴 땐 엄마의 사랑을 믿는 믿음이었고, 자라선 남편의 사랑을 믿는 믿음이었다.

여기서 잠깐, 시정잡배들이 쓰는 '법은 멀고 주먹은 가깝다.'는 말처럼 신은 멀리 계시고 사람은 가까이 있으니, 신을 의지하는 추상적 관념보다는 곁에 있고 손에 만져지는 내 가족, 그것도 의심의 여지 없이 나를 사랑하고 보호해 주는 사람을 믿는 믿음이었다.

어릴 적엔 세상에 아무런 근심 걱정이 없었다. 어떠한 상황이라도 나를 지키고 보호하시는 엄마가 있기 때문이다. 요즘은 시대의 흐름에 따라서 모성 본능도 많이 퇴화하였다지만, 옛날 같지는 않더라도 어머니의 사랑을 어찌 의심할 수 있겠는가? 하나님의 손길이 못 미치는 곳에 신이 어머니를 보내셨다 하지 않던가? 그 후 결혼하여 최근에 이르기까지, 나는 또 남편을 그렇게 의지하며 살았다. 남편도 남편 나름일 테지만, 다행히도 내 남편은 전적으로 믿고 의지해도 될 만큼 좋은 사람이며, 또 성실한 사람이었다. 요즘 젊은 애들처럼 펄펄 끓는 사랑이나 정열을 불태우는 그런 사랑은 아니었으나 속 깊은 은근한 사랑이 평생 변하지 않았다는 것을 내가 알기에 나는 감히 어머니의 사랑과 견줄 만큼 남편의 사랑도 믿어 의심치 않았다.

그런 사랑 속에서 나는 순한 척 살아도 되었던 것이다. 지금은 하나님이 남편을 부르셔서 내 곁에 없으니, 이제 나 자신 말고는 세상 풍파로부터 보호해 줄 사람이 없는 셈이다.

정도의 차이는 있겠지만, 사람은 환경에 따라서 얼마든지 순해질 수도, 거칠어질 수도, 또 악해질 수도 있다. 예전에 마음의 여유가 있었을 때는 누가 좀 서운하게 하거나 상처를 줘도, 혹여 무시를 해도 "그까짓 거 뭐." 하면서 그냥 넘겨버릴 수 있었는데, 내가 나의 보호자가 되고 나서는 한없이 그런 여유를 부릴 수 없고, 본능적으로 방어자세가 될 수밖에 없다.

오랫동안 참는 데 익숙하게 살았는데 이제 새삼 삶의 태도를 바꾸려니 나도 내가 낯설다. 그러나 이제 본래의 나를 찾았으니 여유가 지나쳐 안일하고 나태했던 실체 아닌 실체를 벗어버리고, 이제부터는 더욱 꿋꿋이 살 일이다. 살아가면서 사람은 얼마든지 발전할 수도, 퇴보할 수도 있다. 지금까지 안일했던 태도가 나의 발전을 크게 저해했을 수도 있는 일이다.

아주 최근에도 가슴 움푹 패는 상처를 받은 적이 있다. 물론 보이는 나로만 생각하는 데서 오는 오해 때문일 테지만. 남이 앞서가는 꼴을 못 보는 게 사람의 심리다. 그것은 종교인이라 해도 크게 다르지 않다. 아무리 낯설어도 내가 살아나가기 위한 방편이므로 누가 나 이하로 깎아내리는 것을 이제부터는 좌시하지 않을 생각이다. 굼벵이도 구르는 재주 하나는 있다 했거늘 나는 만물의 영장 아닌가?

그러나 철저히 적용하고 싶은 원칙 하나가 있다. 나를, 내가 가진 인격만큼만, 나를 형성하고 있는 무게만큼만 존중해주면 된다는 것이다. 절대 넘치기를 바라지는 않을 것인즉. 사실 인간관계에서 이 당연한 원칙만 제대로 지켜져도 상처받을 일도, 다툼을 벌일 일도 일어나지 않을 것이다. 그 당연한 것까지도 소망이 되어 버렸으니 나를 순하다고 오해하며 살던 그때가 그립고도 그립다.

내 아들

장르를 가리지 않고 책이라면 무조건 읽고 쓰기를 좋아하는 내 버릇은 1, 2년에 길든 것이 아니다. 내 방에는 되지도 않은 글 나부랭이가 어지럽게 쌓여있다. 더러는 버리기도 하고 또 더러는 간수하기도 하는데, 버려야 할 것과 간수해야 할 것들을 가려내기 위하여 한가한 시간을 골라 작업에 들어갔다. 그러다가 특이한 사실을 발견했다. 그 많은 글 중에서 내 아들에 관한 글, 내 아들이 주체가 되는 글이 하나도 없었다는 것이다.

처음에는 뭐 그럴 수도 있겠거니 하고 지나쳤다. 흔하게 내 주변에서 일어나는 일들을 내 생각과 관점에서 피력해 놓은 것이 대부분인데(사실 누구나 그럴 테지만) 측근 중의 측근인 아들에 관한 얘기는 왜 다루지 않았을까 이상했고, 그 점이 궁금해지기 시작했다. 쉽게 답을 찾지 못했다. '이제라도 내 아들을 주제로 하는 글을 하나 써야지' 하면서 백지를 마주하고 앉았는데, 첫 문장부터 쉽게 풀려나오지 않았다. 한참이나 끙끙대다가 알아차렸다. 그 원인을.

아들은 내게 가벼운 존재가 아니었으므로 쉽게 터치할 수 없는 중압감이 있었다. 그렇구나! 그랬던 것이었구나! 이유가 확연해졌다.

그렇다면 아들은 내 자식인데 왜 가볍게 생각할 수 없는 것일까? 지금은 농경 시대도 아니고 산업 사회, 그것도 4차 혁명 시대라는 디지털 첨단 시대 아닌가 말이다. 그러고 보면 아직도 나는 봉건적인 사상이 남아있는 사람인가 보다.

세기를 거슬러 올라가지 않더라도 아주 가까운 옛날의 남자, 그러니까 아들이 가지는 위상은 아주 높은 것이었다. 지금처럼 모든 것이 기계화되기 전의 농경사회에서는 남자, 그러니까 아들은 절대적인 삶의 수단이요, 가치요, 집안의 대들보였다. 그 시대의 장남(아들) 위상은 삶의 곳곳에서 드러나지만, 특히 밥상에서 절정을 이루게 된다.

그때는 지금처럼 사시사철 고정되게 펴 놓은 식탁이 아니었고, 하루 세 번 펼쳤다 접기를 반복하는 밥상이었다. 보통 안방 아랫목엔 그 집 어르신의 밥상이 차려지고, 윗목에는 상하를 구분 지을 수 없는 두레반이 조무래기들의 밥상으로 차려졌다. 아랫목 네모난 소반에는 정갈한 반찬이 한 가지라도 더 오르기 마련이었고, 생선 토막도 머리나 꽁지 부분은 두레반 위에 놓이고 몸통은 아랫목 소반에 올랐다. 밥상만으로도 서열이 확연해졌는데, 장남(아들)은 아무리 나이가 어려도 어른들 밥상에 겸상으로 차려주었던 것이다. 참으로 케케묵은 이야기다.

먹을 것이 넘쳐나는 지금은 먹기 위해 산다는 과장된 표현도 농담

삼아 하지만, 그 시절엔 오로지 살기 위해서 먹었다. 그 엄숙하고도 절실한 것을 책임져 주는 역할을 아들이 했던 것이다.

나에게 약간의 봉건적인 사상이 남아있다고 하여 여인의 '삼종지도'를 주장하는 것은 아니다. 그렇다고 옛것은 고리타분한 것이라고 무조건 싸잡아 매도할 생각도 없다. 옛 어른들이 살아오신 방법대로 우리도 지금 살아간다면 눈살 찌푸리는 일이 훨씬 줄어들 것임으로 '가화만사성'을 생각하지 않을 수 없다.

나는 슬하에 남매를 두었다. 아들은 맏이면서 외아들이다. 나는 고슴도치 이상으로 모성 본능이 강한 사람이어서 아무도 못 말리는 자식 바보다. 아들은 아들대로 딸은 딸대로 성실하고 착한 아이들이다. 두 남매를 키우면서 한 번도 불미스러운 일로 학교에 불려가 본 적이 없다. 우리 집 남매는 고맙게도 반듯하게 자라주었으니까.

아들도 하나, 딸도 하나, 둘 다 외동이긴 마찬가지인데도 남편은 외동딸이라며 딸은 화초처럼 다루었고 아들에겐 엄했다. 그런데도 아이들은 그게 차별대우는 아니라는 것을 알아차렸다. 고마운 내 자식들. 어렸을 때 벌써 아버지의 의도를 알아차려 주다니…….

내 아들이 태어난 시기는 이 땅에 '산아제한'운동이 정착한 후이다. 혹독한 가난이 대물림되어 오던 우리나라 국민들이 부양할 가족이 많아지면 가난의 고리를 끊어낼 수 없다는 것을 깨달은 시기다. 처음에는 국가적 차원에서 계몽하였지만, 점차 누가 시키지 않아도 둘만 낳는 것이 자연스러운 현상이 되었다. 그러나 사람의 사상이란 게 하루 아침에 뜯어고쳐지는 것은 아니므로 대가 끊기는 것은 선선히 용납되지 않았다. 자식 둘 중에 하나는 반드시 아들이어야만 했고, 시집온 며느리들은 어떻게 해서든지 꼭 아들을 낳아야만 했다. 그러나 성별을 나누는 일에 인간이 뭘 어떻게 해볼 수 있겠는가? (그때는 지금처럼 의술이 발달하지 못했음) 고작 할 수 있는 일은 자신이 섬기는 신에게 매달리는 것이었다. 그렇다고 신이 인간 세상의 시류에 맞추어 좌지우지하시는 분이겠나? 아들을 못 낳는 며느리들은 가슴이 새까맣게 타들어 갔다. 아들 집착이 유달리 심한 집안은 할 수 없이 셋이고, 넷이고, 다섯이고 아들이 나올 때까지 낳았다. 재벌가가 아닌 이상 그런 집은 집안 분위기도 어두웠다. 그게 며느리 탓도 아니건만 대부분 시어머니는 아들 못 낳는 며느리를 구박했고 노골적으로 멸시했다. 그런 시절이었다. 내 아들이 나에게 와준 때가.

남편 집안도 아들 선호사상이 둘째가라면 서러운 집안이었는데, 내 아들 덕분에 마음고생 겪지 않고 떳떳해질 수 있었으며 목에 힘주고 살아도 되었으니, 그 사실 하나만 가지고도 아들은 나에게 고맙고 큰 존재였다.

그 시절 모든 어머니에게 맏아들, 그것도 외아들은 평생 연인과 같은 존재였다. 아들은 어머니가 세상을 살아가는 이유요, 자부심 덩어리였다. 그래서 과부의 외아들에겐 딸을 며느리로 주려는 사람이 없었다. 며느리에게 아들을 빼앗겼다는 심리가 크게 작용해서 며느리를 갑절로 들볶았기 때문이다.

지금은 세상이 많이 좋아져서 얼토당토않은 생각을 가진 시어머니는 없을 줄로 안다. 그뿐만 아니라 외아들이라고 해서 자신이 아들의 짐이 되려는 어머니도 없다. 내 생각도 다르지 않다. 하지만 남편을 먼저 저 세상으로 보내고 나니 아들의 도움 없이 살아가기가 어려울 때가 많다. 될 수 있으면 스스로 해결하려고 노력하지만, 한계에 부딪히는 일을 곳곳에서 만난다. 그때마다 아들은 기꺼이 앞장서준다. 아들이 앞장서 주었을 때 세상에서 나를 대하는 태도는 사뭇 다르다. 아들이 내 곁에 서 있기만 해도 과부라고 만만히 대하던 사람들의 표정부터 달라진다. 아들은 존재 자체만으로도 내게 힘을 실어준다. 이것이 아직도 이 땅 사람들의 뿌리 깊은 정서인 것이다. 그러니 내가 어떻게 아들을 가볍게 생각할 수 있겠는가? 아무리 세상이 바뀌었어도 사람은 저마다의 위치가 있는 것이고, 그 위치에 따라 마음 자세도 달라지는 것이니, 요새 세상이라고 해서 본질이 달라지지는 않으리라.

나는 아들을 통해서 너무나 많이 남편을 본다. 비상한 손재주를 통해서, 투철한 책임감을 통해서 남편을 본다. 남편은 그렇게 또 다른 방법으로 살아있다. 그리고 가끔, 아주 가끔씩은 아들의 모습에서 시아버님을 뵙기도 한다. 그땐 내 아들 그 이상이 되고, 그만큼 어려운 존재가 되는 것이다.

지금은 타계하신 소설가 박완서 님의 『나목』을 읽은 적이 있다. 작품의 배경이 6·25이고 격랑 속을 살아가는 한 가정의 이야기인데, 그 시절 어머니의 아들에 대한 관념이 아프게 그려져 있다. 폭격으로 두 아들을 동시에 잃게 되자 실의에 빠진 어머니는 삶의 의미를 상실한 채 절망에 빠져서 시체처럼 살다가 결국은 아들들 뒤를 따르고 만다. 소설이므로 물론 극적인 요소가 가미되었겠지만, 박완서 작가님이 한국 어머니의 이미지를 물씬 풍기는 분이어서 마냥 허구로만 느껴지지 않았다.

나의 마음이 그 소설 속 어머니 같지는 않겠지만, 이 글을 쓰는 지금도 혹여 내 글이 아들에게 누가 될까 봐 조심스럽다. 지금은 21세기라고 부르짖는 사람들의 생각은 내 알 바 아니고, 내 아들은 나에게 그런 존재이다.

"아들아! 내 아들로 태어나 주어서 고맙다. 좋은 엄마가 되도록 좀 더 노력할게!"

며느리

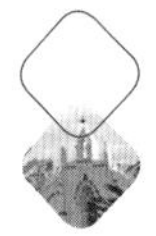

내가 낳지 않은 내 자식.

며느리다.

여기서 딸 같다는 말을 굳이 하려는 것은 아니다. 일전에 텔레비전을 켜니까 이렇다 하는 명사들께서 나와 며느리를 주제로 갑론을박이 한창이었다. 고부 갈등이니, 딸 같은 며느리니, 며느리는 며느리일 뿐이지 딸 같은 며느리가 어디 있겠냐는 둥 침 튀기는 설전이 오가고 있었다. 들어보니 경우에 따라선 이 사람 말도 옳고 저 사람 말도 일리가 있긴 했다.

그러나 내 생각은 이렇다. 구태여 '딸 같다', '며느리는 며느리다'로 냉정하게 구별 지을 필요가 있느냐는 것이다. 나를 어머니라고 부르며 가족이 되었으니 이제부터는 내 자식이 아닌가? 그 간명한 이치에 구구절절 토를 달 필요까지는 없다는 말이다.

며느리는 성인이 되는 세월 동안을 다른 환경에서 살았으므로, 고

부간에 서로를 파악하고 배워나가는 과정은 반드시 필요할 것으로 본다. 시어머니는 부모일 뿐이지 주종 관계가 아닌 만큼 서로의 인격을 다치게 해서는 가정의 평화를 기대할 수 없다.

여기서 나도 우리 며느리 얘기를 조금 하려고 한다. 며늘아기는 어디 내놓아도 빠지지 않는 외모에, 성격도 참 사교적이다. 붙임성이 있어서 사람을 잘 사귀고, 한 번 사귀면 관계를 오래 지속한다. 남남끼리의 관계를 오래 지속하기란 결코 쉬운 일이 아니어서 어느 한쪽의 성격이 무던해야만 가능한 일인데, 주로 우리 며늘아기가 그 무던한 역할을 하는 모양이다. 그렇다고 단점이 전혀 없다는 말은 아니다. 단점 없는 사람이 어디 있을까마는 살아가는 데 크게 장애가 되는 것만 아니라면 약간의 단점쯤은 못 본 척 넘어가는 것도 가정의 평화를 지키는 하나의 덕목이 아닐까 싶다. 하여서 나는 간혹 며느리의 행동이 눈에 거슬리는 일이 있어도 그냥 못 본 척해버린다. 아들 내외는 결혼 직후부터 분가해서 사실은 며늘아기에 대해서 시시콜콜 아는 것도 별로 없지만 말이다.

일 년에 서너 번, 혹은 대여섯 번쯤 가족행사가 있을 때, 며늘아기의 살림 솜씨가 설혹 맘에 안 차더라도 서로 다른 세대의 사람이니 어쩔 수 없는 일이라 여기고 그냥 침묵한다. 고부관계란 혈연으로 맺어진 게 아니므로 한 번 관계가 어긋나면 감쪽같이 복원되기란 사실상 불가능하다는 걸 알기 때문이다. 요즘 사회에서 고부 갈등으로 이혼하는 커플들을 심심찮게 본다. 참 안타까운 일이다.

현실적으로 며느리는 뜨는 태양이요, 시어머니는 지는 석양인데,

엄마라고 해서 평생을 자식과 동행해주지도 못할 거면서 뭐하려고 미주알고주알 간섭하여 새중간에 낀 아들만 피곤하게 하느냐 말이다. 따지고 보면 결혼이란 얼마나 큰 모험이며 험난한 등정인가? 배우자 말고는 생판 모르는 사람들 속으로 뛰어들어 새 뿌리를 내려야 하는 게 며느리의 삶 아닌가? 식물인 나무도 옮겨 심으면 새로운 토양에 적응하느라고 한동안 생몸살을 앓는데, 하물며 감정을 가진 사람임에랴……. 그 어려움이란 차라리 눈 감고 맨발로 히말라야를 기어오르는 것이 더 수월한 일일지도 모르겠다. 며느리를 딸처럼 생각해야 하는 것은 바로 그 때문이다. 내 딸이 눈 덮인 히말라야를 맨발로 기어오르기를 바라는 어미는 하나도 없을 터이니 말이다.

비록 시대는 달라졌지만, 오죽했으면 옛날에는 시집살이를 고초 당초보다 맵다고 하였을까? 시대가 많이 좋아져서 요즘 며느리들은 그런 시집살이를 시키지도 않지만 하려 들지도 않는다. 남남이 만나서 가족으로 살아간다는 것은 그 관계 형성 과정이 결코 만만한 일은 아닐 것이다.

식구도 별로 많지 않고, 소천한 남편도 생전에 며느리 사랑이 지극했으며, 딸아이도 시누이 노릇 하는 건 유치한 짓거리라며, 새언니와 잘 지내는 편이다. 그래서 우리 며느리는 시집살이가 비교적 수월하지 않았을까 생각되지만 그건 어디까지나 내 생각일 뿐이고, 며느리의 입장에선 어떻게 생각하는지 그 진정한 속마음은 알 수가 없다.

"준혁이 에미야! 우리 앞으로 잘 지내보자꾸나."

외롭게 살 것이냐,
괴롭게 살 것이냐

미혼자와 비혼자는 결과는 같지만 내용 면에서는 아주 다르다.

결혼할 의사는 있으나 아직 결혼하지 않은 상태를 미혼자라고 본다면, 비혼자는 결혼할 뜻이 별로 없는 사람을 지칭하는 말이다.

나는 슬하에 아들 하나, 딸 하나를 두었는데, 아들은 비교적 이른 나이에 결혼하여 손자를 안겨주어 우리 내외를 행복하게 해주었다. 이 세상에 존재하는 사물 중에서 예쁜 것을 떠올리라면 흔히들 아름다운 꽃을 떠올리겠으나 손자를 가져보니 예쁘기가 꽃에 비할 바가 아니었다. 꽃이야 한낱 기분 전환용에 불과하지만, 손자는 삶의 근본적인 충만감을 주기 때문에 예쁘고 사랑스러움은 세상 그 어떤 것에도 비할 수가 없다. 그래서 모든 할머니 할아버지들이 그렇듯 손자에게 열광하는가 보다.

눈에 넣어도 안 아픈 친손자는 하나 있으니 기왕이면 외손자도 하나 있었으면 하는 욕심 아닌 욕심이 언제부턴가 생겨났는데, 어인 까닭인지 딸아이는 아직 결혼도 하지 않았다. 결혼은 하고 싶을 때 하면 되는 것이지 꼭 적령기를 따져서 할 필요가 있겠느냐마는, 그래도 자식을 얻기 위해선 생물학적 적령기를 무시해버릴 수만도 없는 일. 그런 점에서 본다면 딸아이의 결혼 적령기는 한참을 지나있다. 그런 현상은 비단 우리 딸아이만의 일이 아니라 한 집 건너 하나씩 우후죽순처럼 돋아나고 있으니, 혼기를 넘긴 자식을 둔 부모들의 한숨이 가히 태풍을 일으킬 만하다.

그렇다고 그것을 젊은이들의 탓만으로 돌릴 수도 없다. 젊은이들이 결혼이나 출산을 기피할 수밖에 없는 상황들이 이 사회에 암초처럼 박혀있지 아니한가?

딸아이가 꼭 그러한 시류에 민감하게 반응할 이유는 없다. 이렇게 말하면 고슴도치 어미라는 지청구를 못 면할지 모르지만, 딸은 직업도 탄탄하고, 외모도 남에게 밀리지 않고, 학교 다닐 때 순하고 성실하며 책임감이 강하다는 평을 들어왔다. 자라면서(성인이 되어가면서) 자기주장이 좀 세지기는 했지만 그렇다고 모난 구석은 없는 아이라서, 내가 며느릿감을 구하는 입장이라면 감지덕지(이 대목에서 누군가가 오글거려 토가 나오려고 한다 해도 할 수 없지만)하고 데려갈 텐데……. 어찌하여 내 딸이 비혼족 대열에 줄을 서 있는지 도무지 알 수가 없다.

세상을 거지반 다 살아온 내 판단으로 볼 때 그만하면 꽤 괜찮다 싶은 신랑감도 딸아이는 번번이 고개를 가로저었다. 그렇다면 딸아이의 눈이 이마 위에 달려서 그런 것인가 하면 본인은 펄쩍 뛰며 부정한다.

시류에 따라서 결혼의 가치관은 달라질 수 있다. 우리 때만 해도 인생에서 결혼은 필수조건이었으며, 완성된 삶을 위해 갖추어야 할 요소였다. 더러 쌀의 뉘처럼 비혼족이 있기는 했지만, 그들을 바라보는 세상의 시선은 그리 호의적이지 못했다.

우리 때의 사람들은 상황이 좋았고 결혼 생활이 모두 행복했었느냐 하면 그건 아니었다. 오히려 지금보다 훨씬 더 악조건이라면 악조건이었다. 오죽하면 결혼은 인생의 무덤(여자에겐 특히)이라고 누군가 말하지 않았는가? 그럼에도 불구하고 대다수 사람이 결혼했던 것은, 결혼하지 않는다고 해서 무슨 뾰족한 수가 있는 것도 아니고 특별히 행복한 삶을 누리는 것도 아니지만 묵묵히 앞사람을 따라서 세상의 질서를 지키려 했기 때문이다. 그리하였기에 지금의 인류가 존재하는 것이고, 각 나라도 존재하는 것 아닌가?

요즘 젊은이들의 극단적인 이기심은 인구 절벽을 불러 이대로 나간다면 머지않아 나라가 없어질지도 모른다는 위기감마저 부르고 있다.

그렇다고 거시적인 안목이랍시고 딸아이에게 결혼을 강요해 본 적은 없다. 근본적으로 딸의 행복을 바라는 사람이고, 딸이 자신의 인생을 설계하고 결정하는 대로 믿고 지지하며 응원하고 있다. 노파심일 테지만 점점 나이가 들어가면서 기력도 떨어지니 내가 이 세상 떠나버리고 나면 홀로 남겨질 딸의 앞날을 생각하지 않을 수가 없다.

외로움은 정신의 허기이다. 육신의 배고픔 못지않게 그 또한 견디기 힘들 것이다. 나의 결혼생활도 장밋빛인 것만은 아니었다. 그랬어도 남편이 세상을 떠나고 보니 그 헛헛함이란, 그 고독함이란 이루 말할 수가 없다.

옛말에 열 효자가 악처 하나만 못하더라는 말이 있는데, 그 말은 인생길 길동무는 배우자 한 사람을 능가할 존재가 없다는 말로 이해가 된다. 그러니 어쩌랴! 인생길 이제 초입에 들어선 젊은 애들이, 한세상 다 살아버린 늙은이 마음을 어찌 헤아릴 수 있겠으며 짐작인들 할 수 있겠는가? 내가 어머니에게 그러했듯이 딸아이도 지금의 내 나이가 되어 보아야 비로소 알게 될 터인즉.

체취

출근한 딸아이 방문을 열면
빗자루 끝에 줄줄이 매달리는
푸른 초원 자잘한 풀꽃 내음 같은
뜨거운 모래밭 한숨 같은
혼기 넘긴 처녀의 체취를 쓸어 담는다

가난한
헛간 같은 어미에겐
넘치는 축복으로 안겨 주신
나의 분신

출근하고 난 뒤
그 방에 들어서면 가슴 먹먹하여

누군가에게 주저리주저리
가슴 속 타래실을 풀어내고 싶다

이 어미
다음 세상으로 떠날 때
의지가지없어 휘청거릴 나의 분신 돌아보느라고
움푹 파일 가슴
천 근 만 근 발걸음

딸아!
내 목숨 다 주어도 아까울 것 없는
가슴 아픈 딸아!
전능하신 이의 긍휼 베푸심이
너의 사는 날 동안
내리시고 또 내려주시기를
연기만 자욱한 어미 가슴 쪼개어
소원의 번제물로 바치고 싶구나

Falla Carrer
de Baix

우리 집의
보물 1호

새 천 년이 시작되고 일 년 후, 오월 어느 날, 하나님이 우리 집에 천사를 보내주셨다. 아니 천사보다 더 천사 같은 아기, 나의 손자다. 그날부터 우리 집 보물 1호는 손자 녀석이다.

어여쁘기가 꼭 씻어놓은 밤톨 같은 고 쪼끄만 녀석은 자체 발광 그 자체여서 집에 올 때마다 우리 집 안 구석구석은 환해졌다.

결혼 직후부터 따로 사는 아들네 세 식구가 본가에 오는 날은 일주일에 한 번이었는데, 주일 날 우리 내외는 일찌감치 1부나 2부 예배를 드리고 예배가 끝나면 발바닥에 불이 나도록 집으로 달려오고는 하였다. 손자 녀석을 보려고.

녀석의 고모인 딸아이도 "준혁이 왔다." 하고 전화를 걸면 아무리 먼 곳에 있어도 득달같이 달려 들어오곤 하였다.

자녀들은 아기였을 때 한 삼 년 동안 평생에 해야 할 효도를 다한다고들 하는데, 우리 손자 녀석은 그보다는 훨씬 뒤에까지 갖은 재롱을 부려서 우리를 행복하게 해주었다. 하나님이 손자에게 특별히 말을 재치 있게 잘하는 재능을 주셨는지 그 녀석은 유아기 때부터 타고난 재담꾼이었다. 특히 언어 구사력이 뛰어나서 곧잘 우리를 놀라게 하였는데, 겨우 말을 배우는 단계여서 발음도 부정확한데 누가 그걸 가르쳤다고 그렇게도 야실야실 말을 하는지, 그 월령의 다른 아이들이 쓰지 않는 단어들을 고 녀석은 예사롭게 사용해서 나는 손자가 천재인 줄만 알았다.

국가적으로 산아 제한을 권장하던 시절, 아래로 동생들이 줄줄이 태어나는 걸 이해할 수 없었다던, 그래서 어린아이 보기를 그야말로 돌같이 하던 그 녀석의 할아버지, 그러니까 내 남편도, 손자 놈에게는 맥을 못 추는 손자 바보로 만들어 버렸다. 어렸을 때 그 녀석이 자유자재로 구사하던 어록은 무진장이어서 일일이 다 말할 수는 없지만, 그냥 넘기기엔 서운하니 하나만 소개하려 한다.

36개월인가 48개월인가, 아마 그쯤 되었을 때였나 싶다. 어린이집에서 손자가 울음을 터뜨린 일이 있었다고 한다. 어린이집 선생님이 "고준혁 어린이 왜 울어요?" 하고 묻자 그 녀석이 대답하기를 "선생님이 갑자기 큰 소리를 질렀기 때문에 내가 깜짝 놀라서 울 수밖에 없어요."라고 대답했단다. 고 쪼끄만 녀석이 대단한 자존감 아닌가? 자기가 우는 까닭은 자신이 못나서가 아니라 그럴 수밖에 없었다는 당위론을 내세웠으니 말이다.

손자가 내뱉는 말마다 하도 엉뚱하고 기상천외해서 우리 가족은 그 녀석이 세상 밖에 나와 처음 접하는 사물들에 어떻게 반응하는가 하는 것을 지켜보는 것이 초미의 관심사였다.

한 번은 식구들이 다 모여 외식을 했는데, 때는 겨울이었다. 어른들은 주문한 음식에 정신이 팔려서 식탁에 코를 박고 있었는데, 갑자기 녀석이 탄성을 지르는 것이었다. 깜짝 놀라서 바라보니 녀석이 놀란 토끼 눈으로 밖을 내다보면서 이러는 거였다.

"엄마, 하늘에서 하이킴이가 내려와요!"

창밖에는 첫눈이 소담스럽게 내리고 있었다. 아직 혀가 잘 돌아가지 않는 녀석은 아이스크림을 하이킴이라고 밖에 발음하지 못했는데, 세상에 태어나서 처음 보는 눈을, 그 녀석은 하늘에서 내려주는 아이스크림으로 본 것이다. 이것도 손자 바보인 나만의 생각인지는 모르겠지만, 그 후 그 녀석이 문학적 감성도 뛰어나서 어쩌면 나중에 세상을 떠들썩하게 할 대문호가 될지도 모른다는 달콤한 환상을 품게 되었다. 이 대목에서 누군가는 꿈 깨시라고 일침을 놓을는지는 모르겠으나 그것이 손자 자랑에 눈이 먼 할미의 터무니없는 망상이라고만 할 수 없는 것이, 녀석이 초등학교에 들자마자 글짓기 혹은 시 쓰기로 두각을 나타내 교내의 상을 휩쓸었으며, 경기도 교육청에서 독도 사랑 실천대회로 독도에 관하여 글쓰기 공모전을 열었을 때, 손자 녀석이 초등부 전체에서 당당히 대상을 거머쥐었다. 그리하여 주최 측에서 보내주는 독도 탐방으로 중·고·대학생 형들과 함께 독도에 다녀오기도 하였다.

독도 탐방 길에 오르기 위하여 집을 나설 때, 가족의 동반 없이 혼자서 보내는 게 안쓰러워 제 애비가 용돈을 넉넉히 주어 보낸 모양이다. 그런데 녀석은 그 용돈을 주전부리로는 한 푼도 안 쓰고, 아빠가 좋아하는 명이나물만 몽땅 사 가지고 왔다.(명이 나물은 마늘 향이 나기 때문에 일명, 산마늘이라고도 불리는 울릉도 특산품으로 한때 울릉 도민들의 구황식품이기도 했다.) 독도에 가려면 전초기지로 울릉도에 머물러야 하는데, 거기서 녀석이 기특하고도 신통방통한 짓을 했던 것이다. 그래서 옛 어르신들이 될성부른 나무는 떡잎부터 안다고 하셨느니. 지금도 해마다 독도의 날이 되면 손자 녀석의 작품이 여러 언론 매체에 소개되며 화제가 되고 있다.

나는 대한민국의 아들입니다

2013 경기도 교육청 독도 사랑 실천 대회
초등부 대상
고준혁

나는 푸르고 맑은
엄마 품에서 태어났습니다
호랑이 같은 아빠의 정기를 받아
용맹하고 단단합니다

나는 뾰족한 코와 단단한 두 어깨를
가지고 있어서 굳건합니다
머리보다 몸이 훨씬 크고 웅장해서

바다 엄마가 든든해 합니다

맑은 날이면
조금 떨어져 있는 형과
도란도란 이야기도 나눕니다
개구쟁이 강치와 함께 놀면
긴~하루도 금방 지나갑니다
밤엔 조금 외롭지만
괭이갈매기가 함께 있어
심심하지 않습니다

가끔 옆집 아주머니가 멋지다며
"우리 아들 할까?" 합니다.
누가 뭐래도 우리 아빠는 대한민국입니다
누가 뭐래도 우리 엄마는 푸른 동해입니다

혼자서는 조금 외롭지만
함께하는 가족이 있어
나는 참 행복합니다

내 이름은 대한민국의 자랑스런 아들
독도입니다

심은 대로 거둔다고 했으니 또 누가 아는가? 내가 심은 꿈이 손자를 통하여 내가 못 이룬 것까지 이루어질는지. 아이들의 미래는 무궁무진한 것인데, 미리부터 질겁을 할 필요는 없지 않겠나 하는 것이 내 지론이다. 말만 잘하면 절에 가서도 젓국을 얻어먹는다 하였는데, 녀석은 또 어떤 젓국이 먹고 싶은 것인지 지금은 다른 나라에 가서 새로운 말을 익히고 있는 중이다. 자식이란 으레 자라면 부모 슬하를 떠나는 게 정해진 순서요 자연스러운 이치지만, 손자 녀석이 없는 이 나라가 쓸쓸하다. 집 안 구석구석도 썰렁하다.

그래도 이 할미 꿋꿋하게 기다릴 참이다. 녀석이 펼쳐 보여 주는 놀라운 세계를 기다리면서. 지금은 하늘나라에 있는 녀석의 할아버지도 녀석을 내려다보면서 힘찬 응원을 보낼 것이다. 손자를 향한 사랑이 배꼽 밑에서부터 끓어 오른다던 그 사람. 지금 얼마나 손자의 앞날을 축복할 것인가! 아마도 불철주야 예수님께 졸라대고 있을지도 모른다. 우리 손자에게 복 주시라고.

워킹맘의 눈물

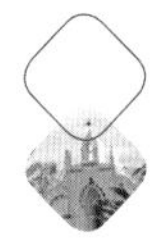

지하철을 타러 가려면 버스로 세 정거장을 지나가게 된다. 그 길 양 옆으로 산부인과 병원이 서너 개쯤 있었다. 시나브로 하나둘씩 없어지더니 오늘 그 마지막 병원마저 간판을 내렸다.

저출산이 심각한 사회문제로 대두된 것은 어제오늘 일은 아니다. 이대로 간다면 국가가 문을 닫게 될지도 모른다는 우려 섞인 목소리가 쏟아지지만, 젊은이들에게는 여전히 결혼도, 출산도 기피하는 것이 유행처럼 번져가고 있다. 그럴 수밖에 없지 않으냐는 그들의 이유 있는 항변을 들어보면 마냥 채근만 할 수도 없기는 하다.

농촌에 갓난아기 울음소리가 그친 지는 하도 오래되어서 이제는 그러려니 한다. 그런데 이제는 도시에서마저 갓난아기 울음소리는 자주 듣기가 어렵다.

우리 집 바로 옆으로 사설 어린이집이 문을 열었다. 처음에 그 어린이집이 우리 집 옆으로 들어온다고 할 때 적잖이 걱정했다. 주택가인데 아이들이 모여들면 시끄러워질 것을 우려했던 것이다. 그런데 막상 문을 열고 보니 걱정했던 것만큼 심한 것은 아니었고, 도시의 다른 소음에 비하면 그 소리는 오히려 사람 사는 세상에 꼭 있어야만 하는 소리라고 생각되어 참을 만했다.

그런데 시간 맞추어 울려대는 벽시계처럼 꼭 그 시간이면 자지러지는 아이 울음소리가 들려오기 시작했다. 처음에는 별별 아이도 많겠거니 하고 괘념치 않았다. 그런데 자주, 아니 매일매일 듣다 보니 여러 아이가 돌아가며 내는 소리가 아니라 한 아이의 소리라는 것을 알게 되었다. 그때서야 어쩐 일인가 하고 밖을 내다보았다. 서너 살쯤 되어 보이는 사내아이였다. 어린이집 문 앞에서 엄마와 떨어지지 않으려고 엄마 옷자락에 매달려 죽기 살기로 우는 것이다. 젊은 아이 엄마는 워킹맘인지 외출복 차림인데, 우는 아이를 떼어내느라고 얼굴이 벌게진 것을 보고 딱한 마음이 들었다. 강제로 아이를 떼어 놓고 눈물 글썽이며 급히 뛰어가는 아이 엄마가 마음 짠해서 넋을 잃고 창가에 한참을 서 있었다. 그건 남의 일이 아니었다. 우리 며느리도 워킹맘인데, 저 과정을 거쳤으려니 생각하니 눈물이 핑 돌았다.

아이를 잘 낳지 않아서 인구절벽이 되어간다는데, 둘도 많다고 이제는 한 아이만 둔 가정이 적지 않다. 나도 손자가 하나인데, 금지옥엽인 그 아이에게 해준 것이 없다는 생각이 들어 새삼스럽게 미안한 마음도 들었다.

요새는 교육비가 워낙 많이 들어 하나만 낳아 잘 기르려는 젊은 부모들의 생각이 현명한 판단일 수도 있다. 그러나 비비고 기댈 형제 하나

없이 혼자 자라는 손자 녀석을 보면 망망대해에 일엽편주 같아서 안쓰럽다. 내가 바짝 우겨서라도 하나는 더 낳게 했어야 했나 하는 씁쓸한 마음이 든다. 며느리는 하나뿐인 자식을 어떡하던지 남부럽지 않게 키우겠다는 각오가 단단하다. 그래서 며느리도 제 가슴 무너지는 저 짓(어린 자식 떼어 놓는 아픔)을 교육 단계마다 치르고 있다. 손자 녀석은 초등학교를 마치자마자 제 어미 아비를 떠나 기숙학교로 들어갔다.

중학교 때는 그래도 국내였기 때문에 주말마다 집에 올 수 있었는데, 지금은 외국으로 가버려서 일 년이나 되어야 얼굴 한 번 볼 수 있게 되었다. 험한 세상에서 남보다 뒤처지면 낙오자가 될까 봐 별의별 고생을 다 하면서 자식을 기르는 그 마음을 이해는 한다마는, 이렇게 가슴 아픈 생이별을 하면서까지 보내는 것이 옳은 길인지 가끔씩 생각해보게 된다. 지나고 보니 인생 눈 깜빡할 사이인데, 이런 일 저런 일 다 제하고 나면 부모 자식 간에 살 비비고 사는 날이 몇 날이나 되려나? 이별, 이별해도 자식과 떨어져 사는 이별보다 더 아픈 이별이 어디 또 있다고…….

손자 녀석의 중학교 입학식 날, 그 학교 교장 선생님은 학부모들에게 간곡히 당부하셨다. 부모와 떨어져 있게 된, 아직은 어린 학생들의 정서불안을 걱정하시면서 아무리 바빠도 한 주에 한 번은 편지를 해주라고 당부, 또 당부하셨다. 나는 그 말씀에 크게 공감하였다. 어쩌면 학과 공부보다 더 중요한 게 인성 공부인지도 모른다고 생각하면서.

사랑하는 손자에게

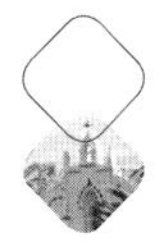

사랑하는 손자에게 보내는 제2신

어머나! 세상에, 이렇게 무지무지하게 기쁜 소식이 또 있을까요?

이 할머니의 손자 준혁이가 반장 됐다면서요? 축하, 축하, 또 축하해요! 우리 손자가 사고 한 번 제대로 쳤군요? 할아버지께서는 그 소식을 들으시고 흥분하셔서는 이 놀라운 사태를 어떻게 수습해야 좋으냐며 난리가 났었지요. 할머니도 사실은 흥분을 누를 수가 없었지만, 시침 딱 떼고 할아버지께 따끔하게 한 마디 해줬지요.

"아니, 이런 일이야 우리 손자한테는 일상적인 일인데, 우리 손자가 인제 기지개 한 번 켠 걸 가지고 뭘 그래요?"

그렇게 말이죠. 그랬더니 할아버지의 흥분이 이제 조금 가라앉았어요.

사람들은 일생을 사는 동안 수없는 시작의 선 앞에 서게 되지요. 그때마다 새로운 각오를 다짐하면서요. 일 년으로 보면 일월이 그렇고,

한 달로 보면 일일이 그렇고, 하루로 보면 아침이 그렇지요. 또 계절로 보면 봄이 그런데, 중학생은 생동하는 봄과 같은 존재지요. 이건 어디까지나 이 할머니 개인적인 생각인데, 초등학생은 여리디여린 속잎과 같아서 공부하는 것도 준비 단계에 지나지 않지만, 본격적인 공부의 시작은 이제부터란 생각이 드는군요. 그런데 우리 손자가 그 시작의 첫 단추를 아주 멋지게 채워줬어요. 대단히 고마워요. 이곳에 있는 우리 가족 전원이 기쁨에 겨운 박수를 힘차게 보냅니다.

옆에서 할아버지가 또 한마디 거드시는군요.

뭐니뭐니해도, 잘 먹고, 잘 자고, 잘 놀고, 쉬는 틈틈이 공부는 취미로 즐기는 거다. 그러시는데요? 할머니도 같은 생각입니다. 왜 이런 말 있잖아요? 열심히 노력하는 자를 이길 순 없다. 그러나 노력하는 자도 즐기는 자를 이기지는 못한다. 답장 쓰려고 부담 갖지 마세요. 학교에서 정해준 시간표가 빽빽하다는 걸 할머니도 잘 알고 있으니. 할머니의 편지가 도착해도 한가한 시간 생기면 심심할 때 읽으면 됩니다. 그럼 오늘은 이만 쓸게요.

2014년 3월 10일

광명에서 할머니가 보냅니다

사랑하는 손자에게 보내는 제3신

사랑하는 손자에게

또 한 주가 시작되었네요.

우리 손자 그동안 잘 지냈어요? 준혁이를 못 본 지가 이제 2주밖에 안 되었는데 할아버지께서는 엄청 오래된 것 같다고 그러시는군요. 하나뿐인 손자이니 그러실 만도 하지요. 할아버지는 사랑을 그런 식으로밖에 표현이 안 되나 봐요. 남자들이란 참!

이 할머니도 손자에게 편지 쓰는 일로 또 한 주를 시작합니다. 참으로 행복한 시작이지요.

이제는 완연한 봄이네요! 할머니가 수영장 가는 길에 아파트 단지를 지나쳐서 가는데, 아파트 화단에 진보랏빛 자잘한 제비꽃이 옹기종기 피었어요. 야생 제비꽃은 개나리와 함께 참 부지런해요. 머뭇거림 없이 썩 맨 앞으로 나서잖아요? 꼭 우리 손자같이 야무져요! 하기야 할아버지의 매실 농장에도 살짝 분홍 물감을 칠해놓은 것처럼 매화 꽃몽우리가 누군가의 손짓을 기다리고 있지요. "준비이이 땅!" 하면 일제히 벙그러질 준비 말에요.

그곳 용정중학교 주변 들판에도 봄의 숨결이 물씬 풍기지 않나요?

그 들판에서 이제 곧 농부 어르신들의 모습을 자주 뵙게 될 거에요. 이제부터 앞으로 3년 동안은 준혁이도 그 마을 주민이 되었는데, 혹시 농부 어르신과 길에서 마주치면 친할아버지를 대하듯 반갑게 인사하세요.

"할아버지 수고가 많으십니다. 어르신들께서 수고해 주셔서 저희들 식탁이 풍성해진 걸 감사드립니다. 저희들도 글 농사 열심히 짓겠습니다."

그런 인사말까지 곁들인다면 금상첨화겠지요? 그 말 한마디가 그분들의 하루를 기분 좋은 하루로 만들어 드릴 수도 있는 거거든요. 왜냐하면 반듯하게 자라나는 꿈나무들은 이 나라의 밝은 미래니까요. 어른들의 생각은 비슷비슷한 것이어서 할머니가 거의 다 짐작하는 것이지요. 잊지 마세요. 우리 손자는 행복 바이러스라는 걸요.

행복 바이러스는 전염성이 강하면 강할수록 좋은 것이지요. 편지 또 쓸게요. 친구들과 즐겁게 공부하기 바랍니다.

2014년 3월 17일

광명에서 할머니가 보냅니다

사랑하는 손자에게 보내는 제6신

준혁이에게

우리 손자 지난 일주일 동안 잘 지냈어요? 이렇게 써놓고 보니 세상 사는 일에 형식을 차려야 한다는 게 때로는 난감해질 때가 있구나 하는 생각이 드는군요. 이런 형식적인 말은 사실 짜증스러울 수도 있지 않겠어요?

준혁이 또래의 아이들이 그렇게 꽉 짜인 틀 안에서 산다는 것이 얼마나 갑갑하고 힘들 것인가라는 생각을 할머니가 해봤거든요. 생물학적 측면에서 그 나이에 진득하니 앉아서 공부만 한다는 게 어디 쉬운 일이겠느냐? 뭐 그런 말이지요. 그러니 할머니가 생각할 땐 우리 손자가 참 장하구나! 그러고 있었는데, 힘들 걸 뻔히 알면서도 늘 하는 소리가 '잘 있었느냐?' 그런 상투적인 말을 해야만 하니 미안해서 그러지요!

그렇기는 하지만 사실 공부가 재미나서 하는 사람이 몇 사람이나 되겠어요? 다들 참아가며 하는 것이겠지요.

준혁이도 조금만 참으세요. 이제 곧 여름 방학이 되면 일상 탈출을 해보자구요! 할머니가 아빠에게 준혁이 여행 보내주어라 그렇게 엄명을 내려놓을 참입니다.

여행 이야기가 나왔으니 말인데, 할아버지 할머니가 여행을 다녀왔거든요.

경주, 부산, 통영, 그렇게 세 군데를 두루 돌아다녔는데, 이모할머니 내외분과 함께 갔었지요. 그런데 이제는 할머니 기운이 옛날 같지 않아서 여독이 채 안 풀렸네요. 지금 꼭 소금에 절인 배추 꼴이 되어서 책상 앞에 앉았습니다.

아무리 힘들어도 손자에게 편지 쓰는 즐거움을 포기할 순 없지요. 그러니까 준혁이는 세계 최초로 절임 배추의 편지를 받게 되는 셈이지요. 할머니가 절임 배추가 된 이유는 피로감이 가장 큰 이유겠지만, 경상도 지방은 음식이 짜기가 모두 소금 같아서 할머니 몸이 진짜로 소금에 절여진 건 사실입니다.

“경상도 음식은 짜고, 맵고, 맛대가리가 없기로 소문났으니 그런 줄 아십시오.”

이건 여행 출발하기 전에 가이드가 자신 있게 한 말입니다. 불길한 예감은 틀리지 않는다는 그 말이 적중한 것이지요. 여행 다니는 내내 할머니는 물병에 물 채우느라 바빴습니다.

그렇기는 해도, 할머니가 준혁이를 데리고 꼭 몇 군데 다시 가보고 싶은 곳이 있기는 합니다. 경주는 문화유산이 찬란한 곳인데도 늘 경중경중 돌아다녀서 속속들이 파헤치지 못했었는데 이번에는 찬찬히 들여다보니, 옛사람들의 숨결이 느껴져서 깊은 사색에 잠겼었지요. 여행의 목적은 사람마다 다를 것이지만, 할머니 생각은 이렇습니다.

여행지에서 마주치는 모든 사물에 내 생각을 얹어 보는 것, 찬찬히 보고 전문가의 설명에 귀 기울이는 것, 그러한 습관들은 여행을 마치고 돌아왔을 때 머릿속이 훨씬 풍요로워져서 단순히 놀이에만 그친 여행보다 알차다는 것이지요.

여행은 힐링을 위한 것인데 그렇게 꼭 공부까지 해야만 하느냐는 만만찮은 반론도 있겠으나, 어차피 세상에 나온 이상 공부는 피할 수 없는 것인데, 해야만 하는 공부라면 다니면서 하는 게 더 재미있지 않겠어요?

이건 할머니가 생각해낸 말이 아니에요. 아기들이 벌써부터 하고 있는 것을 단지 말하는 것뿐이지요. 갓 태어난 아기들은 아무도 시키지도, 가르치지도 않는데 열심히 공부하지요. 엄마 젖을 빨면서도 엄마의 입 모양을 뚫어지게 보고는 엄마, 맘마 정도의 말은 순전히 독학으로 알아내지요. 걸음마만 해도 그래요. 수없이 엉덩방아를 찧으면서도 기필코 혼자 해내고야 말잖아요?

신라의 천년 세월이 내려앉은 경주는 예전엔 손꼽히는 수학여행지였는데, 요즘 학생들은 해외로 수학여행을 간다는군요. 신라의 문화유산은 어떤 것들이 있는지(7만 8,680점) 교과서에 기록되어 있으니 준혁이도 이미 알고 있을 터이므로 꼭 한번 답사를 통해 감상을 해보았으면 좋겠어요.

할머니처럼 나이 든 사람들은 기억력도 별로 좋지가 않아서 되짚어 생각나는 게 많지가 않은 법인데, 이번 여행에선 몇 군데 기억나는 곳이 있군요. 경주에서 본 경주 최 씨의 고택과 통영 미륵산 '한산대첩' 전망대에서 바라본 '다도해'의 모습입니다.

경주 최 씨는, 사방 백 리 안의 백성들이 굶어 죽는 일은 없도록 대문 앞에 항상 쌀독을 놓아두었다네요. 관리도 아닌 개인 신분으로 그렇게 하기란 결코 쉬운 일이 아닌데, 아낌없이 나눔을 실천하셨으니 참 훌륭한 분이지요.

전망대에서 바라본 '다도해'는 다닥다닥한 섬들이 마치 바다라는 운동장에 아침 조회를 서는 학생들 같다는 생각이 들었어요. 임진왜란 때 이순신 장군께서 조회에 선 학생들과 같이 왜적을 물리치셨을 거라는 생각을 하니 가슴이 뭉클했습니다. 그래서 돌아오는 여름방학엔 온 식구가 다시 한 번 와봤으면 좋겠다는 생각을 했지요.

내일을 위하여 오늘을 참는 사람들은 아주 많습니다. 하버드대학

도서관에도 결의에 찬 학생들의 명문 표어 30 훈이 붙어 있다는군요. 준혁이 책상 앞에 표어는 어떤 문구인지 할머니가 살짝 궁금해지네요. 혹시 그 문제의 PC방 얘기 아닐까요? 초등학교 6학년 때 PC방에 가자는 친구에게 그랬다면서요?

"네가 PC방 손님일 때 나는 PC방 사장이 되어 있겠다!"

좋았어요. 그 말. 그 친구가 다시는 PC방 가자는 말은 못했겠군요. 노력하는 것도 좋지만 그래도 우선돼야 하는 건 건강입니다. 오늘은 이만 씁니다. 다음 편지에서 또 만나요.

2014년 4월 14일

광명에서 할머니가 보냅니다

사랑하는 손자에게 보내는 제8신

사랑하는 손자에게

야무진 밤톨 같은 우리 손자, 일주일 동안 잘 있었어요?

그곳 교장 선생님과 여러 선생님께서도 모두 안녕하시겠지요? 우리 손자가 공부하는 학교는 학생 수가 그리 많지 않아서 모두가 한 가족처럼 여긴다니 할머니도 그곳 선생님들이 가족처럼 친근하게 느껴지는군요.

그런데도 할머니가 그곳 선생님들께 일일이 감사의 인사를 드리지 못해서 미안한 마음을 가지고 있어요. 기회 되면 할머니가 많이 고마워한다고 전해주세요. 할머니의 인사를 전할 땐 준혁이 마음의 감사 표시도 함께하면 더 좋겠지요. 말 한마디로 천 냥 빚을 갚는다는 말이 있는데, 그 말이 생겨나기까지는 여러 가지 이유가 있었겠으나, 그 말의 가장 큰 의미는 기왕이면 아름다운 말, 상대방의 기분을 배려하는 말들을 가려서 하자, 뭐 그런 뜻일 거라는 생각이 드는군요. 제일 먼저 누가 그 문장을 사용했는지는 알 수 없으나 할머니는 그 매력적인 문장이 참 마음에 들어요. 천 냥씩이나 빚을 탕감받으려면 얼마나 진실 되고 아름다운 말들의 잔치겠어요?

"고맙습니다. 미안합니다. 괜찮습니다. 좋습니다. 이해합니다. 아름답습니다."

이 밖에도 말의 천 냥 빚을 갚는 재료는 무수히 많겠지만, 이런 말들이 자주 사용되는 사회는 얼마나 아름답고 평화로울까요? 그렇다고 말로만 희번드르르해서는 물론 안 되겠지요. 말을 할 땐 진심을 담아서, 이왕이면 바른 언어들로, 내 뜻이 충분히 전해지도록, 또박또박, 정중히 하는 겁니다. 우리 준혁이가 이미 그렇게 하고 있다는 것을 할머니는 잘 알고 있지요. 준혁이는 아기 때부터 말을 참 잘했거든요.

또래들 수준에서는 언어구사력이 놀랍도록 뛰어났었지요. 이제 겨우 말을 배우기 시작했는데도, 어른들도 자주 쓰지 않는 고급스러운 단어들을 아주 자연스럽게 사용했었지요. 그럴 때마다 어른들은 놀라워했고, 기막혀서 어른들의 말문이 막혔었지요. 가끔씩 발음이 어눌하기는 했어요. 아기니까요. 그래도 엄마는 그 말을 다 알아듣고 통

역을 해주었지요.

곱고 바른 언어를 사용하는 것은 곧 그 사람의 품격입니다. 그것은 다분히 훈련에 의해 형성되는 것이므로 아무리 흉허물없이 지내는 사이라도 거친 말은 쓰지 않는 습관을 들여야 합니다.

이런 이야기는 잔소리로 들릴 수도 있겠지만, 할머니가 손자에게 무릎베개 베어주며 옛날 얘기처럼 해주고 싶은 말이었어요. 그런데 할머니는 준혁이와 함께 살지 않음으로 그럴 기회가 없었던 것이지요. 그렇다고 준혁이가 지금 거친 말을 쓰고 있다는 것은 결코 아닙니다. 준혁이는 할머니가 알고 있는 아이들 중에서는 최고로 모범적이고 반듯한 학생이지요.

그런데 요즘 인터넷에서 지나치게 언어 파괴가 성행한다고 하니 어른들은 걱정이 되네요. 하물며 TV에서 가장 바른 언어를 써야 하는 아나운서들까지도 뜻이 바르지 않은 말들을 버젓이 쓰고 있으니 어떻게 걱정이 안 되겠어요? 예를 들면 '두껍다, 얇다.''굵다, 가늘다.'를 표현할 경우, 원통형인 것은 '굵다, 가늘다.'로, 납작하고 평평한 것은 '두껍다. 얇다.'로 표현해야 하는데, 원통형인 팔이나 다리를 두껍다, 얇다로 쓰는 사람은 이미 공영 방송에서도 넘치게 많습니다.

이것은 우리말의 뜻을 아주 잘못 사용하고 있는 것입니다. 사소하다고 생각하여 자주 저지르기 쉬운 실수이므로 지루하겠지만 일러두는 것이지요.

아름다운 우리말을 가꾸고 지켜나가는 것은 민족의 자긍심입니다.

그런 의미에서 우리 1분간 세종대왕 님께 존경과 감사의 묵념을 올

립시다.

오늘은 편지 읽기가 많이 지루했을 것 같네요. 할머니가 많이 미안해요.

그럼 다음에 또 쓸게요.

2014년 4월 28일

광명에서 할머니가 보냅니다

사랑하는 손자에게 보내는 제9신

사랑하는 준혁이에게

'눈이 부시게 푸르른 날은 그리운 사람을 그리워하자'

미당 서정주 님의 시 한 구절입니다. 정말 눈이 부시게 푸르른 5월이 왔어요.

준혁이도 오늘 아름다운 보성강변에 푸른 길을 따라 아침 운동을 다녀왔겠군요. 5월은 '가정의 달'이기도 하니까 할머니도 오늘은 그리운 사람들을 맘껏 그리워할 작정입니다.

그리움이란 사랑의 또 다른 표현이라는 건 준혁이도 잘 알고 있지요? 가족끼리는 꼭 집어 말하지 않아도 사랑하고 있다는 건 이미 알고 있는 사실이지요. 그래서 사람들은 구태여 말할 필요도 없다 뭐 그렇게 생각하는지도 모르겠어요. 그러나 할머니 생각은 좀 다릅니다. 아는 사실이라도 말로 확인될 때 더 기분이 좋아지는 것 또한 사실이니까요. 준혁이도 아빠 엄마에게 사랑한다는 말을 적어서 편지 해보세요. 기왕이면 아주 예쁜 낱말들로 골라서 마음의 꽃다발을 보내 보세요. 아마 너무 감동한 나머지 '이런 게 자식 기르는 보람이구나!' 그러면서 힘이 펄펄 나실 거에요. 부모들이 자식에게 바라는 건 대단한 것들이 아니지요. 그저 건강하게 잘 자라주는 것, 일등이 아니어도 좋으니 최선을 다하며 사는 것, 가족을 소중히 여겨주는 마음, 그 외에 무엇을 더 바라겠어요? 할아버지 할머니는 그런 마음으로 자식을 길렀는데, 대부분의 부모 마음이란 다 비슷비슷하지 않겠나 하는 생각이 드는군요.

그리고 또 있어요. 할아버지께는 할아버지란 호칭을 자꾸 불러드리세요. 할아버지께서는 준혁이와 한집에 살지 않기 때문에 친손자가 부르는 할아버지 소리를 자주 듣지 못하잖아요? 준혁이가 "할아버지!" 하고 불러드리는 것은 아무나 부르는 할아버지 소리와는 하늘과 땅 차이만큼 다른 것이에요. 할머니는 보았거든요. 준혁이가 광명 집에 왔을 때 할아버지의 표정을요. 손자가 곁에 있으면 너무나 행복한 나머지 마치 어린아이 같아지시지요. 그러니 "할아버지! 할아버지!" 그렇게 자꾸 부르면 얼마나 더 행복해하시겠어요? 누군가를 자꾸 부른다는 것은 관심이 있다는 것이고, 사랑의 시작은 관심으로부터 출발하지요. 물론 그 상대가 남남일 경우에는 그냥 관심 단계에서 끝나 버릴 수도 있는 것이지만, 관심까지 없다면 사랑하는 마음은 절대로 있을 수도 없는 것 아니겠어요?

준혁이가 할아버지 혹은 할머니 하고 부르는 관심 속에 이미 사랑하는 마음이 들어 있다는 것을 할아버지도, 할머니도 알고 있지요. "할아버지!" 하고 불렀는데 막상 할 말은 없다 해도 상관없어요. 그냥 자꾸자꾸 불러보고 싶은 마음 그것이 곧 사랑이니까요.

할머니가 별안간 웬 사랑 타령을 이렇게 하실까, 혹시 그러고 있지는 않은지 모르겠군요. 사실 사랑이라는 말하기가 쑥스럽기는 하지요. 특히 우리나라 사람들은 서양 사람들과는 달리 쑥스러움을 많이 타는 편이지요. 그것을 알기에 그냥 호칭만 불러주어도 좋다는 것이에요.

춘자 씨만 해도 그래요. 우리가 그냥 "하루야!" 하고 부르기만 했는데, 벌써 꼬리가 떨어져라 흔들면서 좋아하잖아요? 그러고 보니 할머니가 춘자 씨를 잊고 지냈군요. 한집에서 살지 않으면 자연적으로 발생할 수밖에 없는 무관심의 발로지요. 이 세상에 있는 개 중에서 제일로 멋지고 귀여운 개, 춘자 씨를 오늘은 우리 함께 맘껏 그리워하고 사랑해줍시다.

준혁이가 중학생이 된 지도 벌써 3개월이 되었으니 이제는 그곳 생활이 어느 정도 익숙해졌겠지요?

우리 손자가 워낙에 낙천적인 성격이어서 벌써부터 적응했을 거라는 믿음은 진작부터 있었어요.

이곳 광명의 할아버지, 할머니, 고모도 잘 지내고 있습니다. 요즘 할아버지께서는 수묵화 그리시기에 아주 푹 빠지셨습니다. 잡념 몰아내기에는 아주 그만이라고 하시는군요. 할아버지께서 우리 준혁이 사랑한다고 전해달라 하시네요. 이 할머니도 사랑 한 트럭을 택배로 보냅니다. 그 트럭에 고모의 사랑도 한 자루 얹어 보냅니다.

그럼 잘 지내세요. 편지 또 쓸게요.

2014년 5월 12일

광명에서 할머니가 보냅니다

사랑하는 손자에게 보내는 제10신

준혁이에게

아직은 5월인데 벌써 여름 같군요.

우리 손자 그동안 잘 지냈어요? 지난주에 편지를 쓰지 못해서 무척 오랜만에 펜을 든 기분이에요.

할머니가 한동안 바빠서 편지를 쓰지 못했어요. 우리 잘생긴 손주님께서도 공부하는 게 점점 더 바빠지겠지요? 그러나 모든 일은 시간이 지날수록 가속이 붙게 마련이지요. 그것은 그 일이 능숙해지기 때문에 따라오는 현상인데, 공부하는 일이라고 뭐 크게 다를 것 같지는 않군요. 아무쪼록 우리 준혁이도 능숙한 가속이 붙어서 공부가 좀 수월해졌으면 좋겠어요. 할머니는 머리가 별로 안 좋아서 그런지 공부 잘하는 사람을 보면 참 대단해 보여요. 그래서 그런지 할머니는 공부라는 일이 세상에서 제일 힘든 일이라는 생각이 들곤 하지요. 그런데 그 힘든 공부를 하루 이틀도 아니고 매일매일 해내는 우리 손자가 할머니는 장하기도 하고 마음이 짠하기도 합니다.

'고진감래'라는 말 알아요? 쓰고 괴로운 일이 다하면 단 것이 찾아온다는 뜻인데, 힘들어도 참고 노력하는 만큼의 대가를 얻는다는 말이지요. 학생들이 하는 공부는 미래를 위한 투자지요. 투자금이 많으면 상대적으로 이익금도 많아지는 게 수학의 원리잖아요? 그래서 할머니가 좋은 아이디어 하나를 생각해냈어요.

시간 통장을 하나 만드는 거지요. 예를 들면, 열심히 공부한 1시간의 값을 1만 원으로 친다면, 하루에 10시간을 공부했을 때 시간 통장에는 10만 원이 저축되는 것이지요. 조그만 수첩을 시간 통장으로 만들어 매일매일 공부한 시간만큼 금액을 적어보는 것이에요. 통장에 금액이 늘어나는 재미가 꽤 쏠쏠할 것 같지 않아요?

재미 삼아 한 번 해보세요. 어차피 노력은 자신과의 싸움인데, 자신을 이길 수 있는 하나의 방법이 될 수도 있을 거예요. 오늘은 할머니가 재미없는 말만 늘어놓은 것 같군요. 어른들이란 대체로 이렇다니까요. 미안해요!

할머니는 요즘 옥상에서 보내는 시간이 길어졌답니다.

할아버지가 지어 놓은 온실 안 평상에서 글도 쓰고, 책도 읽고, 그러면서 지내지요. 온실은 유리 벽이므로 할머니의 방보다는 훨씬 밝아서 콧등에 돋보기안경을 걸치지 않아도 글자가 성근 시집 정도는 넉넉히 읽을 수가 있어서 아주 좋아요. 그리고 조그만 화분에 한해살이 화초도 몇 가지 심고 가꾸어 볼 생각이에요. 여러해살이 화초는 늘 그 자리를 지키며 함께 사는 가족 같아서 친근하기는 하나 신선함이 적은 반면, 한해살이 화초는 오랜만에 찾아오신 손님 같아서 키우면서 설렘 같은 걸 느끼게 되지요. 씨앗을 뿌린 후에 싹이 돋는 것과 매일매일 조금씩 자라서 꽃을 피울 때까지 들여다보는 재미는 다년생 화초에 비할 수가 없지요.

지금 뾰족뾰족한 싹이 돋아나는 채송화는 작년에 우리 집 옥상을 화사하게 장식해주었던 어미 채송화의 후손인데, 그 채송화는 할머니가 심은 것이 아니고, 흙 속에 씨앗이 섞여 들어왔는지 저절로 나서 저절로 꽃을 피운 고마운 꽃이었지요. 그 꽃에 할머니가 크게 무례를 범했기 때문에 나중에 정중히 사과를 한 일이 생각나는군요.

그 채송화는 분재 화분 안에 돋아나 있었습니다. 다리를 외로 꼬고 앉아서 늘 깊은 생각에 잠겨있던 '인삼벤자민'분재였는데 생각이 너무 많아서 그런지 시름시름 하다가 그만 죽고 말았어요. 고사목이 되어버린 늙은 벤자민 화분을 옥상 한구석에 그냥 방치해두고 있었는데, 어느 날 그 안에서 새 생명이 싹트고 있었던 것이지요. 구태여 뽑아버릴 이유도 없었으므로 그냥 두었는데, 어느 날 채송화가 한 송이 피어났어요. 꽃잎이 한 겹인 홑채송화였지요.

"채송화는 겹채송화가 예쁜데 얘는 홑채송화네!"

할머니가 글쎄 그렇게 말해버린 거예요. 그때 채송화의 자존심이 엄청 상했었던가 봐요. 부지런히 번식하더니 어느 날, 이글이글 타오르는 태양처럼 둥근 화분에 한가득 새빨간 꽃을 피웠지 뭐예요. 그 꽃들은 마치 "하나 둘 셋 하면 일제히 소리 질러." 그렇게 약속이라도 한 것처럼 일제히 함박웃음을 터뜨리고 있었지요.

"어머나! 네가 이렇게 예쁜 꽃이었니? 채송화야 미안해! 너를 겹채송화보다 덜 예쁘다고 한 말 취소할게. 너는 정말 예쁘구나! 고맙다. 채송화야."

그렇게 거듭 사과를 했던 기억이 나는군요. 할머니는 깊이 사과하는 뜻으로 그 채송화의 씨앗들을 모두 받아서 그 분재 화분에 다시 뿌렸습니다. 그 아이들이 지금 뾰족하게 돋아나는 것인데, 올해도 채송화는 우리 집 옥상에서 또 다른 희망의 햇덩이로 이글이글 피어나겠지요.

혼자일 땐 희미하던 존재감이 여럿이 힘을 합치니까 누구도 감히 넘보지 못할 위력이 된다는 걸 다시 한 번 깨닫게 했던 사건이지요. 올해도 할머니는 이 옥상 온실에서 많은 시간을 보내게 될 것입니다. 이 옥상에서 벌어지는 우주의 이야기를 가끔씩 전해 줄게요. 오늘은 여기까지 소식 전합니다. 그럼 우리 손자 잘 지내세요.

2014년 5월 26일

광명에서 할머니가 보냅니다

사랑하는 손자에게 보내는 제11신

사랑하는 손자에게

달력 한 장이 또 넘어갔어요. 유월의 첫 주. 이제 중학교 1학년 1학기도 고지가 눈앞으로 성큼 다가왔군요.

고준혁 그동안 별 탈 없이 잘 지냈겠지요?

5월은 계절의 여왕이라던데 2014년 5월의 여왕님께서는 심기가 꽤나 불편하신 채로 떠났겠어요! 세월호가 침몰하는 바람에 꽃 같은 우리 학생들이 어이없는 참변을 당하고, 그것도 모자라 노인 요양병원이 또 불에 타서 어르신들도 희생을 치르셨으니. 모든 국민이 이렇게 통분하는데, 여왕이니 얼마나 낙심이 컸겠어요.

할머니 마음도 참 무겁네요. 그렇지만 다음 세대를 이끌어 갈 우리 손자 같은 꿈나무들이 이 순간에도 올곧게 자라고 있다는 생각을 하면 한결 기분이 풀어지기는 하지요. 우리 준혁이가 어른이 되어 나라의 일꾼이 되면, 지금 어른들이 저지르는 잘못된 일이 다시는 반복되지 않도록 오늘을 거울로 삼아야 합니다.

세상은 좋은 사람과 나쁜 사람이 섞여 살기 마련인데, 그래도 아직은 좋은 사람이 더 많기 때문에 나라가 지탱되고 또 발전도 하는 것이지요.

며칠 전 전라북도 부안엘 다녀왔는데, 오는 길에 새만금방조제를 거쳐서 왔어요. 새만금방조제는 설계에서 완공까지 모두 우리 기술로 완공된 세계 최장 길이 33.9km로 기네스북에도 등재되었다는군요.

1991년 11월에 착공하여 2010년 4월 27일 방조제 준공식을 거행할 때까지 19년의 세월이 흘러가는 동안, 참으로 말도 많고, 탈도 많았던 걸로 할머니는 기억하는데, 한때 환경운동가들의 거센 반대로 공사가 중단되기도 했었지요. 그때 텔레비전 뉴스를 통해 그 소식을 들으면서 할머니는 누가 옳고 누가 그른지 잘 판단이 안 섰어요.

지금도 개펄이 품고 있는 생태계의 중요성만을 생각한다면 환경운동가들의 주장이 틀린 것 같지는 않아요. 그렇지만 이번에 방조제를 직접 둘러보고 나니 국토가 좁은 우리나라에선 필요한 공사였다는 생각이 들더군요.

준혁이도 대한민국 국민이니까 인터넷 홈페이지에 한 번 들어가 보세요. 할머니의 서툰 설명보다는 훨씬 자세하게 기술되어 있을 거예요. 이 방조제 공사는 우리나라 지도를 바꿔놓은 공사였으니 나중에 어떤 시험지에서 다시 만나게 될지도 모릅니다.

요즘 할아버지께선 뜨거운 한낮을 피해 이른 아침과 늦은 오후에 밭에 나가시지요. 더우니까 건강 생각해서 아무리 일하지 말라고 말려도 들은 척을 안 하시네요. 할아버지의 성실성은 평생 몸에 밴 것이어서 바꾸기가 쉽지 않은 모양입니다. 올해도 할아버지의 매실 밭에는 가지가 휘어지도록 열매가 달렸습니다. 그 열매들은 모두 할아버지의 자식 같은 존재들이지요. 할아버지의 발걸음 소리를 들으며 자라고, 할아버지의 땀방울을 먹고 사니까요. 다음 주에는 그 열매들을 따야 하기 때문에 할머니도 한동안 바빠질 것 같군요.

준혁이도 더위에 각별히 몸 건강에 유념하세요. 날씨가 더워지면 음식이 상하기 쉬우므로 특히 먹는 것에 주의해야 합니다. 단체 급식에서 곧잘 발생하는 식중독 말입니다. 친구들과 뛰어놀다가 덥다고 너무 차가운 것을 급히 먹는 것도 건강을 해칠 수 있습니다. 그럴 땐 차가운 물에 얼굴과 손발을 먼저 씻어서 열을 식힌 후에 천천히 물을 마시는 것이 좋습니다. 물론 그곳 선생님들께서 충분히 주의를 주시겠지만 그래도 각자가 조심은 해야겠지요. 할머니 노파심이 지나친가요? 할머니들은 다 그런 거라고 이해하세요. 오늘은 여기까지만 쓸랍니다. 그럼 잘 지내세요.

2014년 6월 2일

광명에서 할머니가 보냅니다

사랑하는 손자에게 보내는 제13신

준혁이 보아라.

펜을 들었지만 늘 하던 대로의 인사말을 쓸 수가 없구나!

지난주 할아버지의 생신날 엄마한테서 네 이야기를 들었기 때문이란다. 너도 이미 알고 있지만 지난 월요일이 할아버지의 생신날인데, 그 날은 월요일인 관계로 하루 앞당겨 일요일 식구들이 모여서 외식을 하는 자리에 하나뿐인 손자가 참석지 않아 할아버지도, 할머니도 옆이 허전하였단다. 엄마에게 듣기로 네가 기말고사를 앞두고 있어서 집에는 다녀갈 수가 없는 관계로 엄마가 그곳에 다녀왔다더구나. 그런데 엄마의 말이, 네가 기말고사에 너무 많은 부담을 느끼고 있어서 편안치 못 하다고 들었다.

엄마나 아빠가 할머니 할아버지가 걱정할까 봐서 그랬겠지만, 항상 밝은 소식만 전해주었기 때문에 네 나름의 고민도 있을 수 있다는 생각은 하지 못하였단다. 또한 할머니는 평소의 긍정적인 네 성격을 익히 알고 있던 터라서 더더구나 다른 생각은 가질 필요도 없었고 말이다. 그러나 지금 생각해보니 아무 근심도, 갈등도 못 느끼는 사람이 어디 정상적인 사람이겠느냐?

준혁아! 그렇게 걱정할 것 없단다. 이번에 일등하지 못해도 앞으로 기회는 얼마든지 있는 것이니 그저 최선을 다하기만 하면 그것으로 충분한 것이란다.

사람은 모두 저마다의 소질과 특질을 가지고 태어나는 것이어서 한 사람이 이 세상 모든 일을 다 잘할 수는 없는 거란다. 그렇다고 또 모든 걸 다 못하는 것도 아닌 이상 네가 가진 소질이나 잠재력이 얼마나 많이 있는지는 아직 아무도 모르는 것이니, 할머니의 생각으로는 너의 잠재된 능력을 손톱만큼도 아직 이끌어내지 못했다고 생각한단다. 너는 이제 겨우 중학생일 뿐이고, 그것도 겨우 일 학년이니 말이다.

준혁아! 조바심치지 말거라. 자신감을 가지고 이제부터 차근차근 밟아나가면 원하는 것은 얼마든지 이룰 수 있는 것이니. 할머니가 너를 너무 믿은 나머지 너를 어른인 양 취급했었나 보다. 아직은 부모

결이 좋은 나이인 것을……. 그것이 지극히 정상적인 감정이라는 것을 미처 생각하지 못하였으니 할머니도 세상 헛살았나 보다.

그러나 준혁아! 시간은 쉬지 않고 흐른단다. 그 시간이 너를, 너의 마음을 단단하게 만들어 줄 것이다. 사람이 일생을 살아가는 동안 수없이 많은 일을 겪게 되는데, 쓰디쓴 일일수록 어려서 겪는 것이 나중에 보면 다디단 인생의 보약이 되는 것이란다. 지금 너희 학교의 선배들처럼 몇 년 후 부쩍 어른이 되어 있을 네 모습을 상상해보렴. 그 선배들도 지금의 너와 같은 과정을 거쳐서 그 자리에 선 것이 아니겠니?

이건 네 엄마한테 들은 얘긴데, 너희 학교에 아주 멋진 2학년 선배가 있더구나. 네가 친구와 다투었는데 두 사람에게 각각 사과하라고 권하면서, 사과는 상대방의 기분을 위해서 하는 것이 아니고, 너 자신의 인격을 위해서 하는 것이라고 말했다던 그 선배 말이다. 그런 선배가 한 학교에 있어서 할머니 기분이 아주 좋단다. 그 선배에게 할머니가 '파이팅!' 백 번 보낸다고 전해주렴.

이 편지가 너에게 전해질 때쯤이면 기말고사가 이미 끝난 후일 것이다.

오늘은 유월의 마지막 월요일이면서, 또 유월의 마지막 날이기도 하구나. 월요일이니 고모는 당연히 출근하였고, 할아버지께서는 밭에 나가셔서 집에는 할머니 혼자 남아 잠시 짬을 내어 몇 자 적는 것이다. 할머니도 나름대로 바쁘기 때문에 편지는 주중에 짬 날 때 써두었다가 월요일 날 우체국에 가서 부치고는 했는데, 이 편지는 준혁이가 기말고사를 치른다는 7월 2일에 기도하는 마음으로 부칠 것이다.

고준혁 파이팅! 시험이 인생의 전부는 아니랍니다. 힘내세요.

2014년 7월 2일

광명에서 할머니가 보냅니다

사랑하는 손자에게 보내는 제14신

사랑하는 손자에게

사람들은 세월의 흐름을 자기 나이만큼 느낀다고 합니다. 즉 할머니의 나이가 60대 중반이니 할머니가 느끼는 세월의 속도는 60~70km라는 것이지요. 그러나 할머니가 느끼기에는 그보다 더 빠른, 고속도로의 자동차 주행 속도만큼 세월이 빠른 것 같습니다. 우리 손자의 중학교 입학식이 꼭 엊그제만 같은데 벌써 1학기가 다 지나갔으니 말이에요. 준혁이는 10대이니 아마 세월이 거북이걸음 같다고 생각할 수도 있겠군요.

참 이상하지요? 시간은 모든 사람에게 똑같이 주어지는데, 어떤 사람은 이렇게, 또 어떤 사람은 저렇게 생각하고 느낌도 다르니 말입니다. 그러니 세상일은 다 자기의 마음 먹기에 달렸다는 말이 맞기는 맞는 것 같군요.

이제 본격적인 더위가 시작되어서 나무들과 풀들은 제 세상 만났다고 하루가 다르게 쑥쑥 자라나고 있는데, 사람들은 더위에 슬슬 지쳐 가고 있네요. 그래서 여름방학은 꼭 필요한 제도라는 생각을 하는데, 농부들에게는 여름방학이 없으니 참 딱하다는 생각도 듭니다.

용정중학교는 7월 20일부터 여름방학에 들어간다는 말을 아빠에게 들었습니다. 할머니가 방금 군포에서 오는 길이거든요. 열무김치를 담갔는데 아빠가 열무김치를 잘 먹으니 아빠가 마음에 걸려서 어떻게 할머니 혼자 먹을 수가 있어야지요! 그래서 군포에 간 것인데 아빠 말이 준혁이가 기말고사를 아주 잘 치른 것 같다고 하는군요. 그것 보세요! 괜히 미리부터 걱정한 거잖아요? 할머니는 이미 알고 있었어요. 이렇게 좋은 결과가 나올 것을요.

이건 심리학자들의 통계에서도 나온 얘긴데, 보통 사람들이 걱정하는 일의 반은 안 해도 될 걱정이라는군요. 실제로 일어나지도 않을 일을 미리부터 걱정한다는 것이지요. 그것은 조급한 마음 때문입니다. 이젠 경험으로 알게 되었으니 앞으로는 조급하게 생각하지 않도록 하세요. 자신이 노력한 만큼만 믿고 기다리면 됩니다.

아무튼, 지금 할머니는 기분이 날아갈 듯 기쁩니다. 우리 손자가 혼자서도 훌륭히 해낸 일들을 생각하면 마음 뿌듯하고 대견해서 춤이라도 추고 싶은 심정이지요. 어린 나이에 부모를 떠나서 혼자 공부하느라고 그동안 고생 많았어요! 할머니가 무슨 상을 주면 좋을까요?

시인 서정주는 '자화상'이라는 시에서 자신을 키운 것의 팔 할은 바람이었노라고 노래했지만, 할머니는 준혁이를 키운 것의 팔 할은 준혁이 자신이라고 노래하고 싶군요. 왜냐하면 목마른 사람을 우물 곁에 데려다 줘도 물을 움켜 먹지 않으면 아무 소용이 없거든요! 그 사람은 여전히 목마를 뿐입니다. 그러나 준혁이는 부모가 우물 곁에 데려다 놓았더니 스스로 물을 움켜 먹어서 지금 목마름이 해결됐잖아요? 그러니 할머니가 그리 노래하고 싶은 것은 당연합니다. 사실 자기를 키우는 건 자기 자신인 경우가 제일 많지요. 그밖에 요인들은 보조 역할에 불과합니다.

이제 열흘 후면 방학이라니 이 편지가 1학기에는 마지막 편지가 되겠군요. 글쓰기를 참 좋아하는 할머니는 일주일에 한 번씩 손자에게 편지 쓰는 재미로 살았는데, 할머니의 글쓰기도 이제 여름방학에 들어가는군요.

그래요. 우리 여름방학을 신 나게 한번 즐겨봅시다. 늦잠도 실컷 자고, 여행도 다니고, 맛있는 음식도 실컷 먹읍시다. 그렇게 알찬 여름방학을 보내고 나면 준혁이는 또 한 뼘쯤 몸과 마음이 자라나 있겠지요? 할아버지의 농장에 여름 풀처럼 말이에요. 여름은 성장의 계절인 만큼 우리 모두 쑥쑥 자라서 알찬 결실의 계절을 만납시다.

아자! 아자! 파이팅!

2014년 7월 11일 준혁이의 한 학기 성취를 축하하며

광명에서 할머니가 보냅니다

들꽃에 반하다

들꽃에 반해 본 적 있으신가요?

혹시 당신이 들꽃에 반하셨다면 당신의 감성 지수는 백 점짜리입니다. 들꽃은 보통 잡초 취급을 받아 농부들에게는 땀이나 빼게 하는, 귀찮고 성가신 김매기 대상에 불과하지만, 뽑아버리기 전에 딱 한 박자만 느리게 관찰해도 그 모습을 선연히 볼 수가 있지요.

풀꽃은 잡초라는 이름이 무색하리만치 오밀조밀하고 앙증맞은 꽃을 피워, 그 모습에 나도 모르게 "어머!" 하는 탄성이 저절로 나오게 하지요. 잡초, 그 이름이 어쩐지 그 아이들의 이미지를 깎아내려 나쁜 선입견을 품게 하지만, 잡초라고 해서 아무 때나 볼 수 있게 불쑥불쑥 튀어나오는 것은 아니랍니다. 다들 나름대로 질서가 있지요.

예를 들면, 꽃다지나 냉이 같은 풀꽃은 이른 봄에 남보다 먼저 얼굴을 내미는 부지런한 종류이고, 봄부터 여름, 가을까지 억세게 살아가는 명아주나 달개비 같은 종류도 있는가 하면, 초가을 무렵 마치 이제는 내 차례야 하는 것같이 돋아 나와 "어머나, 벌써 가을이 오나 보네!" 하게 만드는 가을 풀이 있답니다. 나는 그냥 평범한 농부이지 식물학자는 아니어서 그 아이들의 이름을 하나하나 다 알지는 못하겠고, 요즘은 식물들도 한류 열풍을 타고 우리나라로 이민 와서 살기 때문에 외래 종이 부쩍 늘어서 더더욱 이름을 알아내기는 힘들지요. 그러니 그냥 이름은 모르는 채 살려고 해요.

사람이나 짐승이나 식물들까지 후손을 낳아 종을 번식시키는 것은 창조주 하나님의 지상 명령이라서, 그네들도 부지런히 꽃을 피우고 씨앗을 맺느라고, 가을 풀을 뽑으려고 제 몸에 손을 대면 정말이지 어떤 향수보다도 향긋하고 달착지근하고 매혹적인 향기를 뿜어내지요. 아마도 그 향기는 그 식물의 단발마 같은 부르짖음은 아닐까 생각하곤 합니다. 아주 다급한 소리로 "뽑지 말아 주세요. 제발, 난 아기를 가졌어요!" 그렇게 말이지요. 참 안타까운 것은 나는 농부이기 때문에 내 농장에 심어놓은 작물들을 보호해야 할 의무가 있어서 그 애들의 간절함을 모른 척할 수밖에 없다는 것이지요.

아무래도 명함을 바꾸어야 할까 봐요. 사실 난 명함을 찍지는 않았지만 자기를 간단히 소개하는데 명함만 한 물건도 없을 듯하니, 명함을 찍는다면 옛날에 가졌던 '전업주부 아무개' 그렇게 찍는 게 딱 맞을 것 같은데, 인생이란 게 뭐 그렇게 원하는 대로만 살아지는 건 아니잖아요? 어찌 생각하면 봄부터 가을까지 그 예쁜 아이들을 보면서 사는 것도 괜찮기는 해요. 그런데 그 아이들의 애원 같은 모습에 자꾸자꾸 뽑을 때마다 약간씩 머뭇거리게 되니 농부로서도 한참 모자라는 게 아닐까 하는 자괴감이 든다는 것이지요.

한 번은 이런 일이 있었어요. 부추밭에 비단 풀이라는 이름까지 예쁜 풀이 있었는데, 어찌나 조그맣고 잎사귀도 예쁜지 뽑지 않고 그냥 놔두었더니 세상에나, 맙소사! 얼마 후에 가보니 고 조그만 애들이 얼마나 암팡지게 영역 확장을 했던지 부추가 밀려 나가게 생겼더라구요. 그래서 '아! 할 수 없구나. 나도 살아야만 하니까.' 그러면서 몽땅 김을 매 버렸는데, 다음 해에도 그 애들은 어김없이 또 얼굴을 내밀더라구요.

그러고 보면 사람이 식물에게 배울 점이 참 많아요. 좌절하지 않는다는 것, 제 할 일을 충실히 수행한다는 것, 끈질긴 생명력 등등.

올해는 김장 배추가 영 신통치 않게 생겼는데, 뭐가 문제인지……. 거름을 주었고, 김도 매주었고, 벌레도 잡아 주었는데, 또 뭐가 부족하다는 것인지 나를 실망시키네요. 잡초[들꽃]는 아무도 돌보아주지 않지만 잘 자라고 잘 살지요. 하나님이 돌보셨다는 말은 여기서 빼자구요. 왜냐하면 하나님은 들꽃뿐만 아니라 누구든지 돌보시며 내 배추도 돌보셨을 테니까요.

온실에서 자라난 꽃들, 그 애들도 예쁘긴 하지요. 그러나 온갖 정성과 보살핌을 받은 것에 비해 내놓는 향기가 부족하잖아요? 아쉬운 게 없이 자랐기 때문에 '직무 태만'아니면 게으른 버르장머리, 뭐 그런 것 아니겠어요? 요즘 인간사도 그와 비슷한 게 참 많아요. 어찌 되려고 그러는지 외모에만 목숨을 걸고, 그걸 또 삶의 경쟁력으로 삼는 사회적 현상은 참 맘에 안 드네요. 그렇다고 내가 뭐라고 왈가왈부해 봤

댔자 비 맞은 땡땡이라 그럴 테고. 에잇, 모르겠어요. 난 그냥 농사나 지을래요. 내 밭에는 좀 귀찮고 성가시긴 하지만, 내 맘에 꼭 드는 조그만 들꽃들이 있으니까요.

옷

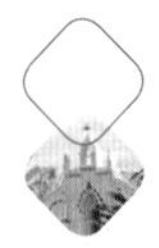

여름은 더워야 하고, 더운 것이 정상적이긴 하다. 그 여름이 길러내는 생명체, 즉 우리가 먹고 사는 먹거리도 더운 여름에 생산된다. 여름이 더울수록 식물의 생장 속도도 빨라지므로 먹을거리도 풍성해진다. 그래서 농사꾼들은 기꺼이 비지땀을 흘리는 것이다. 여름은 고마운 계절임에 틀림없다.

나도 농사꾼이므로 자식 같은 농작물이 쑥쑥 자라는 모습을 보면 흐뭇하기 짝이 없다. 아무리 그렇다 해도 올여름 더위는 너무 심하지 않았나 싶다. 더위가 도를 넘어서니까 먹이 사슬의 기초가 되는 곤충들도 견뎌내지 못해서 개체 수도 현저히 줄어들었다. 모기가 줄어든 건 오히려 고마운 일이지만, 벌과 나비까지 올여름엔 흔하게 보기 어려웠다. 체면도 내던지게 하고 집에만 들어오면 옷부터 훌훌 벗어 던지게 만들었다.

홀로 살면서 편안해진 면이 있다면 누구의 시선을 의식하지 않아도 되는 점이다. 남편이 있을 때는 아무리 부부는 일심동체라고 하지만 최소한의 예의나, 혹은 매력이 반감될 수 있는 점을 생각해서라도 속옷 차림으로 있기는 어려웠는데, 지금은 딸아이만 출근하고 나면 아무도 보는 사람 없는 빈집에 있다 보니, 옷은 최소한의 수치만 가리면 되었다. 성경에 에덴동산에서 쫓겨난 아담과 하와도 나뭇잎으로 아랫도리만 가리었다고 하니 나도 크게 잘못하고 있는 건 아니지 싶어 헐렁한 속옷 차림으로 올여름을 보내었다.

문명은 필요로 생겨나고 또 발전하는 것이지만, 오늘날의 옷에 관하여서는 많이 지나친 점이 있지 않나 생각한다. 옷은 수치를 가리고 추위를 막는 데만 사용한다면 오늘날의 사치는 생겨나지 않았을 것이다. 사치는 단순히 사치로만 끝나는 것이 아니라 자연을 파괴하는 원흉이 된다는 점에서 사태에 심각성이 있다. 자신의 사치를 위해서 죄 없는 동물들의 목숨을 무참히 빼앗는다. 후손들과 나누어 써야 할 지하자원을 과도히 뽑아 올려 화학섬유를 만들어 옷을 만들어 입는 것까지는 눈 질끈 감고 넘긴다 하더라도, 유행까지 만들어 얼마 쓰지도 않고 너무나 쉽게 폐기 처분해 버리니 잘 썩지도 않는 화학물질로 지구는 나날이 병이 깊어질 수밖에 없다. 나는 환경운동가는 아니지만, 도처에서 과도하게 버려지는 소비 물자를 생각하면 한숨이 저절로 나온다.

원하기만 하면 하늘에서 뚝뚝 떨어트려 주는 게 은혜가 아니다. 오늘을 불편함 없이 살 수 있는 것, 그것이 은혜인 줄을 대다수 사람이 너무나 모르고 산다. 좋은 것, 더 좋은 것만 요구하는 마음은 욕심의 죄만 쌓아올릴 뿐이라는 것을 한 번쯤은 생각해 봄직도 한데, 글쎄다, 내 생각이 고리타분한 것인가?

"욕심이 잉태한즉 죄를 낳고, 죄가 장성한즉 사망을 낳느니라."

성경에 말씀하시지 않았는가? 그것이 교회에만 국한된 말씀이던가?

나이 들어가면서 부쩍 더 생각하는 것이지만, 나는 농사꾼인 것이 아주 고맙다. 값비싼 옷 떨쳐입고 그걸 자랑하고 싶어 사람 많은 곳 찾아다니며 우리나라에서는 생산되지도 않는 시꺼먼 물 들고 다니면서 마시는 걸 상팔자라고 생각했더라면 어쩔 뻔했는가? 그 얼마나 무의미한 삶이 되었을 것인가? 농자천하지대본이라 하였는데, 내가 사람 살아가는 근본이 되는 삶을 살고 있으니 이 어찌 다행이 아니랴!

참된 지식은 남이 깨달아 알고 적어 놓은 것을 빌려 쓰는 것이 아니라, 스스로 깨우쳐 아는 것이라고 어떤 현자께서 말씀하셨는데, 자연에 묻혀 살다 보면 깨달아 알아지는 게 참으로 많다. 흙 속에 작은 생명체들이 아무 간섭 없이도 섭리 거역하지 않으면서 오글오글 열심히 살아가는 모습은, 형식적인 제도와 상관없는 참다운 믿음의 형태라는 생각이 든다.

우리 밭 귀퉁이에 지어놓은 원두막은 유기견이나 길고양이들이 쉬었다 가는 그들의 쉼터다. 녀석들은 내가 원두막을 사용하지 않는 시간에 거기서 비도 피하고 뜨거운 햇살도 피하며 밤에는 잠자리로도 이용한다. 내 발소리가 저벅저벅 들리면 녀석들은 얼른 일어나 자리를 내준다. 아무리 괜찮다고 하여도 제 주인이 아닌 인간의 말은 못 알아들으니 저희로서는 비켜주는 게 마땅하다고 여기는 모양이다.

나는 음식물 찌꺼기를 쓰레기로 버리지 않고 거름으로 쓴다. 하여서 음식물 찌꺼기를 밭으로 가지고 나가면 뼈다귀나 생선 대가리 같은 것은 땅에 묻지 않고 녀석들의 먹이로 준다. 녀석들은 여기저기 떠돌아다니므로 항상 배가 고픈 모양이다. 가까이 오지 않으므로 내가 던져주면 걸신들린 듯 허겁지겁 먹는다. 생전에 남편도 내가 다듬어 놓은 멸치 대가리를 모아 두었다가 새들의 먹이로 주고는 하였다. 선물용 과일바구니에 멸치를 담아 나뭇가지에 높이 매달아 놓으면 골무만 한 새들이 모여들어 쪼아 먹느라고 한참이나 재재거리다가 가곤 했다. 그 소리는 어떤 음악보다도 듣기 좋았고, 참 평화스러웠었다.

솔로몬의 모든 영광으로도, 입은 것이 이 꽃 하나만 같지 못하다고 예수님이 말씀하신 백합꽃은 우리 밭에 없지만, 수고도 아니 하고 길쌈도 아니 하는 들꽃들은 무수히 피어 살랑거린다. 새들도 그 꽃들도 입은 한 벌 옷이면 만족하며 살아가는 것이다. 자연에 묻혀 자연과 더불어 살아가는 삶보다 덜 하며 사는 삶도 없을 듯하다.

'더'보다는 '덜' 하다가 평화의 지름길이란 생각이 든다. 사치도 조금만 덜 하면, 소비도 조금만 덜 하면 여럿이서 살아도 지금보다 훨씬 더 풍족한 세상이 될 것만 같은데…….

올해는 고추 농사가 아주 잘 되었다. 고춧대는 물기가 많은 땅에서는 과도히 몸집을 불려서 병을 이겨내지 못하고 열매를 잃게 된다. (농약을 치지 않으니) 고추는 배수가 잘되는 땅에 심기 마련인데, 나는 진

땅밖에 자리가 안 나서 할 수 없이 올해는 진 땅에 고추를 심었다. 남들은 올해 이상 기온 탓에 고춧대가 모두 말라버렸다는데, 타는 듯 내리쬐는 더위가 우리 고추밭에는 효자 노릇을 해준 셈이 되어 고추를 풍족하게 거두었다. 악조건도 가끔은 덕을 보는 수도 있으니 당장에 눈앞에 것만 보고 낙담할 일은 아닌 것 같다.

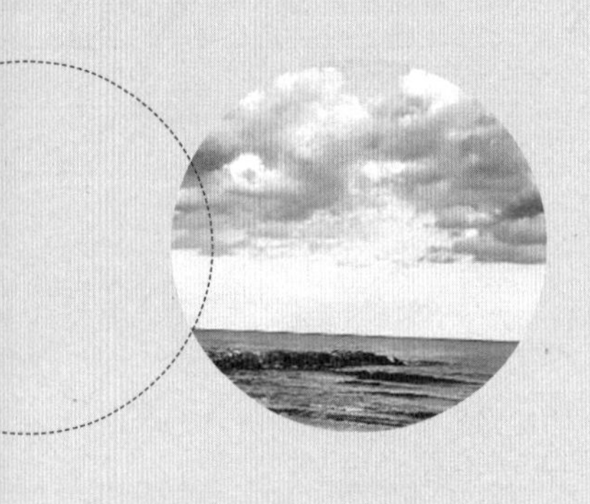

2부

◇

구름의 여정 바람이 되고, 비가 되고, 물이 되어

책이 없었다면

어느 원한 사무친 자의 타오르는 분노인가? 누군가 백십 년 동안 복수의 칼을 갈았나 보다. 황야의 무법자처럼 백십 년 만에 돌아와서 이글이글 타는 불화살을 무차별적으로 한 달 넘게 퍼부었으니 가히 국가적인 재난이라 할 만하다. 하면 나라님께서 단을 쌓고 기우제라도 지냈어야 한단 말인가?

여자가 원한을 품으면 오뉴월에도 서리가 내린다는 말은 들었어도, 이렇듯 불비가 내린다는 말은 내 일찍이 듣도 보도 못하였거늘 이 무슨 말도 안 되는 이변이란 말인가? 정말로 이 여름은 살아내기가 끔찍스럽게 힘이 들었다. 그렇다고 대책 없이 에어컨만 틀어 젖힌다면 여름 말미에 가서 전기요금 폭탄을 맞게 될 터이니, 이나 저나 무섭기는 마찬가지다. 또한 혼자서 에어컨을 독차지하는 것은 지나친 에너지 낭비도 될 터이므로 딸아이가 퇴근해서 돌아오는 밤에만 에어컨을 가동했다. 그러나 정작 더위가 절정을 향해 치달아 오르는 시간은 정

오부터 오후 다섯 시 까지니 그 시간대에는 정말로, 진짜로 죽을 만큼 더워서 흐르는 땀을 받아 모았다면 한 동이는 실히 되었을 성싶다. 더위를 덤덤하게, 더위는 더위로 이겨 내자는 이열치열이란 말이 있기는 하지만, 그것도 더위가 웬만했을 때 얘기지 온열병으로 사람이 턱턱 죽어 나가는 마당에는 입도 뻥긋할 수 없는 일이다. 살인적인 무더위에 창문도 없는 쪽방에서, 에어컨 없이 사투를 벌이는 독거노인들을 생각하고 몸에 찬물 끼얹으며 이 여름을 버티어냈다.

그런 중에도 다행한 것은 독서 취미가 있었다는 것이다. 책 속으로 깊이 잠수해 들어가면 자질구레한 잡념이나 웬만한 불편 정도는 망각 상태가 되기 때문에 독서가 나의 힘듦을 많이 덜어준 셈이다. 애당초 세상에 책이란 게 없었다면 이 여름은 훨씬 더 견디기 힘들었을 텐데……. 인간에게 책이 있다는 것은 얼마나 여러모로 다행스러운 일이냐! 책 속에 길이 있고, 피할 곳도 있었으니 말이다. 올여름에 책이야말로 내게는 구세주요 은총이었다.

나 어렸을 때 우리 집은 참 가난해서 읽을 책이 별로 없었다. 돌아가신 아버지께서 당시 마을에서는 꽤 존경받는 지식인이셨으므로 아끼시던 소장품들이 꽤 있었다고는 하지만 6·25 사변을 치르는 동안 다 없어져 버렸고, 어린 내가 읽을 만한 책은 남아 있지 않았다. 그러나 소장품 중에 딱 하나 남아있는 것이 있기는 하였다. 책이라기보다는 앨범이었는데 조선 말기, 그러니까 일제 강점기 때 승하하신 고종황제의 장례식 사진첩이었다. 그 당시 우리나라보다 공업 기술이 앞서 있던 일본의 사진 기술 덕분(?)에 생생하게 파노라마로 찍힌 장례 행렬 사진첩 속에는 고종 황제의 실물 사진과 그때는 이미 돌아가신 명성 황후 마마의 독사진도 실려 있었다. 대례복을 입으시고 큰 머리를 얹으신 명성 황후의 전신사진은 꽤 미인이셨던 것으로 기억된다.

전쟁이 끝나고 4년 뒤, 학령기를 맞은 내가 종이가 귀해 그 사진첩 인화지 뒷면을 ㄱ, ㄴ, ㄷ, ㄹ, 훈민정음 연습장으로 썼기 때문에 그 앨범을 또렷이 기억한다. 어른이 된 지금, 나는 그 생각이 날 때마다 가슴을 꽝꽝 짓찧는다. 어쩌자고 그 귀한 역사 자료집을 그렇게 훼손했더란 말이냐! 비록 훼손은 되었을망정 왜 흔적도 없이 사라지도록 방치했더란 말이냐! 그것이 당시에 철부지였던 내 탓인 건지 아니면 아무도 말리지 않은 어른들 탓인지, 지금 생각하면 펄펄 뛰도록 속이 상한다. 돼지 발의 진주라는 말은 이 경우를 두고 하는 말일 것이다.

그 때문인지는 몰라도 지금의 나는 무엇이든 보관하기를 좋아하고, 또 기록하기를 좋아한다. 다시 봐도 뭣 하나 내세울 것 없는 초라한 내 인생일지라도 꼬박꼬박 일기를 쓰고, 중요하다 싶으면 색연필로 메모해 두며 내 자식들에게도 그 점의 필요성을 강조해둔다.

인생은 흐르는 강물에 적은 글씨 같지만, 종이에 적은 것들이 더러는 남아서 책이 되고, 책이 있어서 우리는 원시의 미개함을 면하고 사는 게 아닐까? 이 여름의 혹독한 더위를 건너오면서 읽은 몇 권의 책이, 내 남은 인생을, 또 정신을 그만큼 풍요롭게 해주리니 책이여! 고맙습니다.

인생은 숨바꼭질

오늘은 절기상으로 '처서'다. 여름내 에어컨 뒤로 숨었던 사람들이 하나둘씩 고개를 내밀기 시작한다. 그렇다고 술래가 완전히 떠나버린 것은 아니다. "못 찾겠다. 꾀꼬리" 그러면서 더위가 손들고 떠나려면 '백로'께쯤은 되어야 하지 싶다. 아직도 낮에는 후끈거리고 땀으로 목욕을 하지만, 이 땀은 견딜 만한 땀이고 고마운 땀이다. 아직 들의 나락은 영글지 않았으며, 대부분 과실도 단맛 들기엔 아직 멀었는데, 술래가 벌써 떠나버리면 또 다른 술래가 왔을 때 우리는 느긋이 아랫목에 숨어있을 수가 없다. 이제는 몸을 조그맣게 움츠리고 뭔가의 뒤로 숨어야 할 계절이 하나에서 둘로 늘어났다. 에어컨 없이 살 수 있는 여름은 이제 앞으론 기대하기 어려울 테니 말이다.

그래도 겨울은 여름에 비해 비교적 편안한 숨바꼭질이었다. (가난한 사람들이야 예전이나 지금이나, 겨울이나 여름이나, 숨을 곳이라곤 없지만) 농민들의 경우, 겨울은 먹을 것 쟁여놓고, 힘든 노동 끝에 부여받은 휴가와 같은 것이어서 '동장군아, 나 찾아봐라. 나는 아랫목 구들 뒤에 숨겠다!'그럴 수 있는, 아주 떳떳하고, 느긋하고, 참 재미난 숨바꼭질이었을 게다. 비록 시한부이기는 하지만 말이다.

그러나 이 세상에 시한부 아닌 것이 어디 있나? 인생 자체가 시한부인 것을. 살아오면서 우리는 곧잘 숨었다. 어릴 땐 심부름하기가 싫어서 헛간 구석으로 숨었고, 회초리가 무서워 엄마 치마폭 속으로 숨었으며, 자라서는 만나고 싶지 않은 누군가가 마주 올 때 인파 속으로 숨었다. 자꾸자꾸 돈 꾸러 오는 이웃을 피해 뒤꼍으로 숨었으며, 빚쟁이를 피해 골방으로도 숨었다.

그래도 숨을 곳, 피난처가 있는 사람은 행복한 사람이다. 나는 요즘 고독으로부터 숨고 싶다. 군중 속의 고독이란 말이 있긴 하지만, 나의 고독도 곁에 누가 없어서 생긴 고독은 아니다. 나이 들면서 부쩍 심해진 고독감은, 내 존재의 미숙에서 오는 고독감이다. 인제 와서 고상한 품격으로 고쳐보기엔 너무 멀리 와버려서 숨을 곳도 없는 존재. 그렇다고 새롭게 도약할 시간은 너무나 짧게 남았다.

엊그제, 겨울 양식으로 쓸 김장배추 모종을 밭에 옮겨 심었다. 연하디연한 모종을 밭에 옮겨 심으니 손발을 축 늘어뜨리고 모조리 땅바닥에 드러누워 버린다. 올여름 폭염으로 웃자라서 몸이 단단치 못해 생기는 현상이다. 과잉보호의 그릇됨은 사람이나 식물이나 다르지 않다. 어떠한 환경도 이겨내려면 비바람과 맞서야 하는데, 그렇게 훈련시켰어야 했는데, 그렇게 하지 못했다. 모종을 우리 집 옥상 온실에서 곱게 키웠더니 그 모양이 되었던 것이다.

우리 어머니도 나를 너무 곱게 키우셨나? 나도 단단한 구석이라곤 없다. 마음도 여리고 몸도 여려서 자주자주 늘어진다. 생전의 남편이 나 때문에 맘고생이 심했던 것을 기억한다. 그 사람에게는 참 고맙고 미안하다. 남편 그늘이 든든해서 내가 더 늘어져 산 건 아닌지 돌아보게 된다. 그러고 보니 후회하며 사는 것은 인간만의 전유물이란 생각이 든다. 짐승이나 식물이 일 저질러 놓고 후회하더라는 말은 듣지도, 보지도 못했으니 말이다.

악착스런 근성, 그런 게 나에겐 없다. 순전히 내 탓이다. 이제라도 한 가지씩 고쳐보려고 요즘은 체력 단련을 꾸준히 하고 있다. 아무의 도움 없이 혼자 일어서 보려고 시설 갖추어진 헬스장에 가지 않고, 비용이 들지 않는 운동 요가(스트레칭)를 하는데, 집에서 혼자 하려니 여간한 결심이 필요한 게 아니다. 걸핏하면 꾀가 나서 자꾸만 거르고 싶다. '딱 하루만 건너뛰자. 그까짓 하룬데 뭘 그래?' 그런 유혹이 자꾸 고개를 든다. 그래도 용케 빼먹지 않고 두 달 넘게 했더니 몸에 제법 근육이 생겼다. 구부정하던 허리가 꼿꼿해졌으며 시큰거리던 무릎이 한결 부드러워졌다.

육신은 꾸준한 운동으로 조금씩이나마 개선할 수 있는데, 내가 정말로 개선하고 싶은 정신, 즉 내 알맹이는 무슨 방법으로 개선할 수 있는가? 그것이 늘 문제였는데, 궁하면 통한다고 하였던가? 올여름 더위를 잊을 요량으로 꽤나 많은 독서를 했다. 그리 넉넉한 형편이 못 되어서 책을 욕심껏 사 읽지 못하고 살았는데, 이제 책 갈증을 해소할 방법을 찾아냈다. 아이들 키울 때는 아이들 책 사주는 게 우선이지

내 욕심은 언제나 뒷전으로 밀리기가 다반사이고, 또 그러는 게 옳은 처사이다. 그러나 세상은 오래 살고 볼 일이다. 지방자치제 움직임이 활발하게 되면서 마을마다 촘촘히 도서관이 들어섰고, 먼 데까지 가지 않아도 되게끔 가까운 곳에도 도서관이 문을 열었다. 이게 웬 심봉사 눈 뜸보다 반가운 소식이냐 싶어서 날마다 도서관으로 출근하였는데, 머리가 하얀 할멈이 지식 허기를 메우려고 날마다 책 속으로 숨어드니까, 다른 건 다 숨겼는데 머리카락만큼은 못 숨겼는지 그만 들키고 말았다.

꼭꼭 숨어라! 머리카락 보일라! 크크크.

어느 날, 휴대전화로 문자가 들어왔다. 노인네를 대접한다고 그리 했는지는 모르겠으나 내가 그 도서관의 다독자로 선정되었다는 것이다. 다독자에게 주는 상으로는, 두 주에 일곱 권씩 빌릴 수 있던 책을, 두 주에 열네 권씩, 그러니까 갑절로 빌릴 수 있게 해준다는 것이다. 고맙고 또 고마운 일인데도 나는 자꾸만 속이 상했고, 자존심도 상했다. 도서관 컴퓨터에 입력된 내 독서 기록을 살펴보니 그동안 내가 읽은 책이 상당했는데, 내 기억력은 그 십분지 일, 아니 백분지 일도 못 되게 허술해서 어레미 쳇구멍 사이로 책에서 얻은 마음의 양식은 술술 다 빠져나가 버리고, 머릿속에 저장된 것이 별로 없었기 때문이다.

생활 속 대화 중에서도 분명히 알고 있던 것인데, 말을 하려면 입안에서 뱅뱅 돌고, 떠오를 듯 떠오를 듯 맴돌기만 해서 답답하고 숨이 막힌다. 그래서 공부는 젊었을 때 해야 하는 모양이다. 옛날 일은 날이 갈수록 선명해지는데, 최근 것은 너무 자주 잊어버려서 낭패를 보는 일이 한두 가지가 아니다.

젊은이들이여, 배우는 일에는 촌각도 놓치지 마라! 보내놓고 후회하게 되리니. 인생은 급히 흐르는 계곡 물과 같아서 삽시간에 바다에 이르게 된다네.

앎이란 한도 끝도 없는 것이니만치 바닷물을 다 퍼마신들 만족하리오마는, 그래도 하루 세 끼니를 꼬박꼬박 챙겨 먹음같이 마음의 양식도 중요하지 않겠는가? 부지런히 내 안과 밖을 살피면서 살 일이라네.

이제 곧 가을인데 나는 얼마나 단맛 든 과일일는지.

그림 그리기

한 바퀴 돌려
두루마리 화장지를 끊어 내듯
또 한 칸
시간의 화선지를 받아 든다

마음으로
입술로
또 얼마쯤은 행위로
그려나갈

하루 분량의 화선지

받아들 땐
언제나 눈부시지만
서툰 내 붓끝에선
질척이는 얼룩뿐이다

언제쯤
코끝 시린 향기와
후회 없는 아름다움만
화폭 가득 담아낼 수 있을까

삶의 그림 갈피마다
무심코 구겨버린 시간들이
파도처럼 밀려와
회한의 멍든 가슴을 적신다

술래잡기 놀이

“술래잡기할 사람 여~기 붙어라.”
심심한 나무들이 그랬나 보다

매미들이
나뭇가지에
이마를 찰싹 붙이고
맴 맴 맴 맴
수를 세고 있네

맴 맴 맴 맴
열까지 세든
백까지든 세고 나면

“다들 숨었니? 찾는다~!.”
그러면서 날아오를 테지

술래를 찾으러
옆 동네,
가을 동네로
뿔뿔이 날아갈 테지

가을엔 편지가 쓰고 싶다

올해도 가슴 얼얼한 가을이 또 찾아왔다. 가을이면 나는 어딘가로 편지를 띄우고 싶어진다. 어느 시인의 시 구절처럼 "누구라도 그대가 되어 받아 주세요." 딱 그 심정이 되어서 말이다. 그러나 아무리 이리저리 생각을 굴려보아도 편지를 보낼 대상도 없고, 또 보낸다 해서 반갑게 받아 줄는지도 의문인지라, 그냥 써서는 책갈피에 처박아 둘 거면서도 낙서처럼 자꾸만 편지를 쓴다.

나이가 들어가면서 몸의 기력은 점점 줄어드는 데도, 이놈의 감성만은 늙지도 않아 가을이 되면 지병처럼 뼈마디마다 터질 듯 감성이 마렵다. 그래서 편지가 마렵고, 시가 마렵고, 사랑이 마렵고 그것들을 시원하게 배설하지 못해서 눈물도 마렵다. 여기에 소개하는 편지들도 그러한 것들의 편린이다.

S 선생님께

선생님, 갑자기 가을이 찾아왔네요.

며칠 전까지만 해도 온몸을 쪄버릴 듯이 더워 민소매 옷이 입기 좋았는데, 비 한 번 내리고 나니 마치 일제히 약속이라도 한 것처럼 오늘은 제법 두툼한 겉옷들이 거리에 넘쳐나는군요.

선생님 그동안 평안 하셨는지요?

너무나 오랜만에 선생님께 문안 여쭙자니 좀 어색하기도 하고 송구스럽기도 합니다. 펜을 내려놓고 산 지가 몇 년인지, 이젠 손가락 꼽기도 가물가물 하지만, 이렇게 가을빛이 물씬 묻어나는 쓸쓸한 날엔 불현듯 선생님 생각이 나곤 했습니다.

노래를 아주 멋지게 잘 부르셨던 선생님!

문학 활동을 하는 동안 인연 맺은 사람들이 꽤나 많이 있었지만, 세월과 더불어 모두 아득해졌는데, 선생님과의 추억만은 아직도 생생하게 떠오르네요. 선생님과 제가 듀엣으로 노래를 부르면 화음이 환상적이었지요. 그래서 우레와 같은 박수 속에 앵콜 앵콜 하는 소리도 섞이곤 했었는데……. 이제는 추억으로만 간직할 수밖에 없는 아득한 날들이 되었군요.

선생님께서 풀꽃 동인회 회장 일을 보시고, 제가 총무로서 선생님을 보필할 때, 부족한 저를 언제나 묵직한 인격으로 감싸 주시던 선생님! 선생님께선 아직도 그 주소에 살고 계시나요?

지금 편지랍시고 글을 쓰고는 있지만, 어쩌면 또 부치지 못한 편지가 되어 내 노트 갈피에서 잠들게 될지도 모르겠습니다. 요즘은 컴퓨터 만능 시대라서 손편지 대신 인터넷으로 메일을 주고받지만, 저는 그 규격화된 활자를 대할 때마다 공문서를 받는 기분이 들어 마음이 '차렷'자세가 되는 게 영 포근한 감이 아니 들더라고요. 서툴지만 그래도 친필 글씨가 훨씬 따뜻하고 정이 갑니다.

선생님! 혹시 이 편지 받으시면 놀라지 마세요.

"어머? 이게 무슨 생뚱맞은 짓이야?"

그러고 그냥 웃어넘기세요. 만약 이 편지가 선생님께 전해진다면 선생님께서 아주 한가롭고 심심한 시간에 전달되었으면 좋겠군요. 심심풀이라도 되게 말이지요.

참으로 풍광이 좋은 가평 화악산자락, 손명희 선생님 댁 마당 앞을 겸손히 흘러가던 그 맑은 시냇물은 아직도 조잘조잘 할 말이 많을까요? 선생님 댁 마당 한켠에 선생님께서 심어 놓으셨다던 그 조그맣던 은방울꽃은 무사히 자라나서 일가를 이루었나요? 전주에 계신 S 선생님께서 분양해주셨다는 뒤란의 조릿대는 또 얼마나 이 가을바람에 수다스러워졌을까요?

요즘은 제가 글을 쓰지 못하니까 남의 글을 읽으면서 만족할 수밖에 없는데, 시는 언제 읽어도 마음을 흔들어놓지요. 제가 가지고 있는 애장 도서 중에 1순위는 선생님의 시집입니다. 가끔씩 그 시들을 읽으면서 선생님께서 그 시를 지으실 때 느끼셨을 감정을 짚어보곤 합니다.

"3월은 무언가 기별도 없이 그이가 꼭 올 것만 같다."

– 손명희 시집 '새벽을 여는 풍경소리' 중에서

그래서 어쩌면 3월이 되면 수취인은 없어도 좋은 편지가 또 쓰고 싶어질지도 모르겠습니다.

선생님! 항상 건강하십시오. 온 가족이 행복한 나날 보내시기를 바라며 깊어가는 가을바람에 빛 고운 낙엽 한 잎 띄워 보냅니다.

〈추신〉

우리 처음 만났을 때 모르던 사람
헤어진 후 더욱 모르는 사람
– 손명희 시집 '이별'중에서

위 시의 모르는 사람은 헤어진 연인을 지칭하는 것인 줄은 알겠지만, 선생님과 제가 지금은 비록 왕래도 없고 소식도 모르지만, 선생님은 제게 있어서 헤어진 후 더욱 모르는 사람은 결코 될 수 없습니다. 저의 기억력이 한계에 이를 때까지 그저 같은 하늘 아래 존재하는 것만으로도 가슴 훈훈해지는 선생님은 저에게 존경하는 문단의 대선배님이시고, 스승님이십니다.

비 오면 도지는 신경통처럼, 또 가을이 되면 선생님이 불현듯 보고 싶어질지도 모르겠습니다. 가슴에 존경하는 은사님 한 분 모시고 산다는 것은 정이 메말라가는 이 시대에 참 행복한 사람이겠지요.

선생님이 제 가슴에 계셔서 행복하고 고맙습니다.

2013년 가을에

박용문 올림

존경하는 Y 선생님께

선생님 고맙습니다.

보내주신 책들은 잘 받았습니다. 책은 버얼써(22일) 받았는데 바로 전화드리지 아니한 점을 용서하십시오. 보내주신 한 아름의 책을 받아들고 아이처럼 좋아서 계단을 막 두세 칸씩 뛰어 올라왔습니다. 제가 살고 있는 곳은 3층인데, 1층 현관문이 잠겨 있어서 택배 아저씨가 전화를 했더군요. 그냥 늘상 오는 택배려니 했었지요. 바로 받았다는 전화를 드릴까 하다가 생각을 바꾸었습니다.

보내주신 책 중에 '아동문학 세상 83호 선생님의 글, 발행인 이야기에, 사라져 가는 손글씨 편지의 아쉬움을 역설하신 내용을 읽고서 무릎 탁 치며 "옳습니다. 선생님!" 했거든요. 그 글의 선생님 말씀처럼 빠르고 편리한 것만을 좇아 살다가 더 소중한 것들을 모두 잃어버리겠구나 하는 생각을 저도 잠시 가진 적이 있었는데, 선생님처럼 선각자께선 당연히 이 시대의 위기감을 느끼셨겠지요.

요즘 텔레비전만 켜면 사람의 탈을 썼으되 짐승만도 못한 끔찍한 일들을 저지르는 인면수심의 사건들이 폭탄처럼 터지는데, 더 놀라운 것은 그런 뉴스를 들어도 이제는 더 이상 놀랍지도 않고, 대수롭지도 않게 느껴지는, 무디어질 대로 무디어진 우리네 심성입니다.

천수를 다 누리고 고요히 세상을 하직하는 망자를 보내면서도 온 동네 사람 다 나와서 눈시울 적시던 인심이 우리네 인심 아니었습니까? 하나 지금은 나만 아니면 된다는 극단적인 이기주의가 판치는 세상이 되었으니, 그것도 이 시대가 겪는 아픔 중 하나겠지요.

잘 살아보자고 그물처럼 쳐놓은 편리함이, 편리함은 있으되 따뜻한 가슴은 점점 더 멀어져만 가는 것 같아서 씁쓸한 마음 금할 수가 없습니다. 단언컨대 저의 생애를 통틀어 따져보아도 그 옛날 우물에서 두레박으로 물 길어 먹고, 아궁이에 불 지펴 밥 해먹던 느리디느린 그 시절보다 더 평화로운 시절은 없었습니다.

따뜻한 피가 돌지 않는 로봇 세상으로 이미 너무 멀리 와버린 지금의 실태에 그까짓 손글씨 편지 한 번이 무슨 효과가 있겠느냐 하는 의구심도 있겠으나, 우리가 잃어버린 것들을 소중히 여기며 한 가지씩 되찾아가는 시작의 첫걸음이 될 수는 있겠지요. 다시 한 번 고맙습니다.

저는 요 며칠 책이 주는 행복감에 푹 빠져서 살았습니다. 책은 어떤 것이나 다 반갑고 좋지만, 지인들이 쓴 작품을 대할 때는 그 반가움의 정도가 훨씬 크지요. 보내주신 책을 모조리 읽느라고 이제야 펜을 잡았습니다. 사실 제 글씨가 워낙 악필이라서 글씨를 쓸 때마다 망설여지는 건 사실입니다. 선생님께서 글씨 조금 밉게 쓰는 것, 그게 뭐 대수냐고 말씀하시니 용기를 낸 것이지요.

보내주신 책들은 얼마나 알찬 내용으로 가득 차 있던지, 그동안 부옇게 먼지만 쌓였던 제 머릿속이 말갛게 헹구어지는 느낌입니다. 선생님의 동시집 '팔랑개비'는 어린이를 사랑하시는, 하나라도 더 주시려는 선생님의 욕심 아닌 욕심이 느껴지는 작품집이어서 감명 깊었습니다. 우리 것의 소중함을 너무도 하찮게 여기는 요즘 젊은 세대, 어린 세대들 앞에 어느 작가의 말처럼 등불 환히 켜 들고 서 계시는 선생님! 고개 숙여 감사드립니다.

그럼, 내내 건필과 아울러 건강하시기를 빌며 이만 난필 접습니다.

2014년 3월 24일

박용문 배상

위에 두 편지는 보내어졌고
반갑게 받으셨다는 소식이 있었음을 밝힌다.

세월은 덧없이 흘러 또 다른 가을이 찾아왔고, 나는 이제 내 기분이나 감정대로만 살아서는 아니 되는 한 집안의 어른이 되었다. 늙어가는 것이야 자연의 이치이니 어쩔 수 없는 일이지만, 어떤 모습으로 어떻게 늙느냐 하는 것은 오로지 각자의 몫일 것이다. 기왕이면 흘려보낸 시간이 헛되지 않도록, 연륜의 묵직함이 느껴지는 기품 있는 모습으로 변해 가는 게 나의 소망이자 남겨진 과제이다. 그러기 위해서는 정신을 다잡고 채찍질해야 하건만, 이제는 뇌 기능이 예전만 같지 못해서 책을 읽어도 어레미 구멍으로 술술 가루 빠져나가듯 나날이 머릿속이 비어만 가는 것 같다. 하여 나날이 자존감도 줄어든다. 참 슬프고 자존심 상하는 일이다.

어쩌면 되지도 못하는 글을 이렇게 자꾸 써 대는 것도 자꾸만 멀어져가는 기억을 붙잡아 매려는 하나의 방편일 수도 있다.

나는 조선 시대 기생, 황진이를 좋아한다. 그는 비록 천한 기생의 몸이었지만, 여류로서는 당대 최고의 문인이며 예인이었다. 정말이지 그의 시조 가락은 절창 중의 절창이어서 매료되지 않을 수 없다. 그의 시조는 넘치거나 모자람이 없이 하나같이 감탄을 자아내게 하지만, 특히 연인을 만났을 때 흐르는 시간이 아쉬워 안타까움을 노래한 이 시조는 무릎을 치게 한다.

동짓달 기나긴 밤에 한 허리를 베어서
춘풍 이불 아래 서리서리 두었다가
고운님 오시는 밤에 굽이굽이 펴리라

사랑하는 연인과 헤어지기 싫은 심정을, 조금이라도 더 같이 있고 싶은 심정을 어떻게 이보다 더 호방하게 표현해낼 수 있겠는가! 그는 기생 노릇을 한 자기의 육신을 혐오했던 모양이다. 그러니까 자신이 죽으면 땅에 묻지 말고 새들의 밥이 되게 하라고 하지 않았을까? 육신이 정신을 담는 그릇이라고 볼 때 육신은 시나브로 흔적도 없이 사라지지만, 그 정신만은 길이 남아서 후대까지 그 이름이 회자 되는 것 아닌가!

먼 훗날 내 자식들이 이 어미를 떠올릴 때, 존경까지는 아니더라도 최소한 부끄럽지는 않은 어미로 기억되었으면 하는 게 나의 바람이어서 내가 더 치열하게 살려는 것인지도 모른다. 이러한 강박관념도 어쩌면 젊은 날 꿈을 펼쳐보지 못한 한풀이에서 비롯된 것인지도 모르겠다.

한 번뿐인 인생이란 말이 나는 아주 싫다. 삼 세 번은 못 되어도 최소한 한 번의 기회는 더 주어야 하는 것 아닌가? 그래야 시행착오 없이 후회 없는 한살이를 살아낼 것 아닌가! 자신의 노력 없이도 나면서부터 금수저 물고 나온 사람들, 그래서 원도 한도 없이 살아 본 사람들은 한 번의 생이 그리 억울할 것도 없어야 되지만, 평생을 찌그러진 흙수저로만 살아온 사람들에겐 한 번쯤은 더 기회를 주어야 그 한을 만회해 볼 것 아닌가 말이다.

지금은 필명이 어느 정도 알려진 어느 여류 작가의 자전적 소설을 읽은 적이 있다. 문학적인 재능을 타고났으나 가난한 환경으로 꿈을 펼칠 수 없는 게 참을 수 없어서 가슴 속이 늘 용암처럼 들끓었다는 피맺힌 사연이 가슴에 와 닿았다. 여동생의 눈물과 좌절을 지켜보던 오빠가 고학을 해가며 뒤를 받쳐주어 문학 공부를 하게 되었고, 오늘의 자신을 있게 해주었다는 고백적인 내용이 서사시처럼 펼쳐져 있었다.

역사를 더듬어 볼 때 질곡이 많은 나라의 백성들은 개개인도 질곡의 삶을 살 수밖에 없다. 그 시절엔 가족을 위해 희생하는 사람들이 참 많았다. 어느 시대에나 있기 마련인 일부 파렴치한과 매국노는 빼고 말이다. 그 값진 희생을 딛고 일어선 사람들은 참 행운아다. 누구에게나 그런 행운이 따라주는 건 아닌 만큼. 그래서 눈물이 거름이 된 그들의 작품 속에는 절실함이 배어있다.

절실함! 그래, 절실함이야말로 얼마나 큰 자산이며 원동력이 되어주는가! 눈물로 단을 거두신 치열한 작가분들에게 열렬하고 힘찬 존경의 박수를 보내는 바이다.

갈대꽃

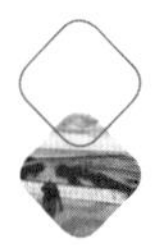

내가 매일 지나다니는 목감천에도 가을이 왔다. 천변 양쪽으로 줄지어 피어 있는 갈대꽃이 하얀 손을 흔든다. 그 손짓은 부르려는 손짓인지 보내려는 손짓인지 구별 지을 수는 없지만, 나는 부르는 손짓으로 생각하기로 했다. 갈대가 그곳에 가을을 불러들여 목감천의 운치를 만들어 냈으니까.

목감천은 내가 사는 광명시 외곽을 지나가는 한강의 지류인데, 광명시를 벗어나면서 안양천과 만나 한강까지 이른다. 목감천은 그리 운치 있는 하천은 아니다. 어디서나 쉽게 볼 수 있는 흔하디흔한 모습의 하천, 그 이상도 그 이하도 아니다. 목감천의 상류 쪽으로 멀리 거슬러 올라가 본 적이 없기 때문에 하천의 길이가 얼마나 되는지 모르며 발원지가 어디인지도 잘 모른다. 다만, 그 하천이 우리 밭 옆으로 흘러가기 때문에 눈에 익을 대로 익어 거기에 하천이 있다는 것조차도 의식하지 못하기 일쑤였다. 여느 계곡 물처럼 정다운 물소리를 내는 것도 아니고, 하천 바닥은 모래가 아닌 개흙으로 덮여 있어서 청결감을 주지도 못한다. 그러니 내가 무슨 별다른 관심이 생기겠는가?

그러나 가을만 되면 나는 그 하천가를 서성이게 된다. 거기서 누가 나를 부르는 것 같아서 걸음을 멈춰 두리번거리게 된다.

뚜렷한 개성도 없고 별다른 매력도 없는 그 하천변으로 무리 지어 갈대꽃이 피면, 목감천은 비로소 생동감 있는 살아있는 하천이 되어 나를 불러 세우고 사색에도 젖게 하고, 감상에도 빠져들게 한다.

사실 갈꽃은 선뜻 꽃으로 생각하기 어려운 꽃이다. 활짝 핀 갈꽃은 누르스름해서 생활고에 몹시 찌든 노파의 수세미같이 구겨진 머리카락 둥지 같다. 꽃이라 부르기 민망한 모습이다. 그래서 사람들은 꽃자를 굳이 빼버리고 그냥 갈대라고만 하는 모양이지만, 그래도 엄연한 꽃은 꽃이다.

활짝 핀 갈꽃은 멀리서 보면 하얀 듯 보이지만 누르스름하고, 막 피기 시작한 어린 꽃은 자세히 들여다보면 보랏빛이 감도는 옅은 자주색이다. 그 파스텔 톤의 맑고 은은한 색감이 단박에 내 마음을 잔잔한 호수로 만들어 버린다.

“내 마음은 호수요. 그대 노 저어 오오.”

내가 즐겨 부르는 가곡의 가사처럼 누군가 내 마음에 노 저어와 함께 가을 정취에 풍덩 빠졌으면 좋겠다. 혼자 맞이하는 가을은 참 쓸쓸하다. 갈대 옆에 보랏빛 들국화라도 나란히 피어준다면 금상첨화, 그야말로 환상의 커플이요, 가을 상징의 완결판이 될 것인데 유감스럽게도 들국화는 거기에 없다.

들꽃을 잘 꺾지 않는 편이지만 갈꽃만큼은 한 움큼 가져와 식탁 위에 꽂아 놓으면 집안 가득 가을 정취가 묻어난다. 어릴 적 고향 마을에도 갈꽃이 흐드러지게 피어나곤 했었다. 그때는 산기슭이나 논두렁, 밭두렁에 피는 것이었지만 그때에 그것은 그냥 불땀 좋은 땔감으로밖에 보이지 않았는데, 지금은 어째서 이렇게 감성을 자극하는 꽃으로 보이는지 모르겠다.

마음은 미래에 사는 것이라고 어느 시인은 노래했는데, 나는 걸핏하면 마음이 과거(추억)로만 달려간다. 그리운 사람들이 거기에는 모두 있으니 그런 가보다.

나는 미래에 거는 기대가 크지 않다. 산다는 것이 그리 호락호락하지만은 않은 이상 무슨 일이 불시에 들이닥칠지도 모르는 미래라는 곳에 마냥 달콤한 기대만을 걸 수 없는 게 또한 현실 아닌가? 이제는 늙은 몸 가누기도 만만찮은데 말이다. 그러니 되돌릴 수만 있다면 돌아가고픈 곳이 어린 시절일 수밖에 없지 않겠나?

문익점이 붓 뚜껑에 목화씨를 들여오기 전에는 가난한 서민들은 갈꽃을 이불솜처럼 이불에 두어 방한 재료로 썼다는 기록을 어디선가 읽은 듯도 하다. 그러고 보면 갈대는 사람에게 여러모로 유익을 주는 존재인 듯하다. 갈대는 옛날 초옥의 이엉을 얹는 재료로도 쓰였고 솜대용품으로 썼는가 하면 부엌에서는 화력 좋은 땔감으로도 쓰였으니 말이다. 단순한 관상용 꽃보다 훨씬 후한 대접을 해주어도 시원치 않겠거늘 외모 때문에 꽃 취급도 못 받고 있으니 갈꽃은 참 억울하기 짝이 없겠다.

외모 얘기가 나왔으니 말이지만 얼마 전에 연수 목적으로 베트남을 다녀온 일이 있었다. 목적은 연수였으나 기실은 관광이었는데, 열대 나라답게 어찌나 덥던지 연수고 관광이고 뭐고 다 귀찮아 에어컨 켜진 버스 안에만 틀어박히기 일쑤여서 집에 돌아온 후엔 기억에 남는 게 별로 없었다. 그저 꿈속에서 소인국에 잠깐 있다가 온 느낌이랄까?

아시아인들은 본래 키가 작은 종족이니만큼 키가 작다는 것을 알고 있었는데도 막상 그 나라 사람들을 많이 접하고 나니 상상했던 것보다 훨씬 더 작다는 생각이 들었다. 남자와 여자의 신장을 합하여서 평균을 내보면 160cm를 넘는 사람이 하나도 없을 것처럼 생각되었다.

사람의 지능이나 지혜, 능력이 신장에 있지 아니하다는 것은 일찍이 프랑스의 나폴레옹이 증명한 바 있지만, 작은 고추가 맵다는 속담도 새삼스레 인정할 수밖에 없는 국민이 바로 베트남 국민 아닌가 하는 생각이 들었다. 베트남 전쟁에서 미국을 이겼으니 말이다. 땅덩어리 크기로 보나 사람의 신장으로 보나 두 나라는 비교가 안 되지 않는가? 굳이 비교해본다면 무등산 수박이 미국이라면 포도알만 한 게 베트남이 아닐까 생각된다.

베트남도 우리나라처럼 식민 통치의 치욕을 두 번씩이나(중국과 프랑스에) 겪어냈다니 동병상련의 감정이 생겨서랄까? 아무튼, 골리앗과의 싸움에서 승리한 베트남 사람들에게 나는 경이로움을 느끼지 않을 수 없었다. 그러니 모든 것을 외모로 판단하는 것은 대단히 위험한 발상이다.

목감천은 개울가 양쪽으로 산책로와 자전거 도로가 나 있다. 군데군데 운동 시설도 갖추어져 있어서 광명시민들이 즐겨 이용하는 곳이고, 건강 도우미 역할을 톡톡히 해내는 곳이다. 중앙정부의 손길이 채 못 미치는 이런 구석구석까지 시민들 편의 시설을 해주는 건 지자체 행정의 긍정적인 면이라 할 만하다.

국내 여행을 다니다 보면 지방마다 경쟁적으로 내 고장 가꾸기에 열을 올리니 지나는 길손들의 눈도 호강한다. 우리나라도 이제는 먹고살 만해서 생겨난 여유일 테니 국력 신장을 느낄 수 있어서 아주 기분 좋은 일이다. 이건 좀 비약적인 말일 수도 있는데, 넓게 보아 국민들 정서 함양에 따라 범죄율의 높낮이가 반영된다고 보면 내 고장 가꾸기는 더욱 분발하는 게 좋겠다.

우리 동네 목감천에는 민물고기도 많이 산다. 조그만 어종들은 눈에 잘 보이지 않아 종류나 이름을 알지는 못하지만, 각종 새가 날아와 부지런히 먹이 활동을 하는 것으로 보아 자잘한 물고기가 꽤 있는 모양이다. 물오리가 항상 떠다니다가 자맥질을 하는 모습을 볼 수 있고, 참새만큼 작은 논병아린가 뭔가도 종종거리며 돌아다니고, 가히 새들의 여왕이라고 불러도 좋을 만큼 우아한 자태의 두루미도 꽤 많이 날아든다. 물의 깊이는 그저 어른 종아리께나 찰까 말까 하지만 물고기 산란 철이 되면 남자 어른 팔뚝만큼 큰 잉어들이 한강으로부터 거슬러 올라와 그야말로 물 반, 고기 반으로 우글거린다. 낚시꾼들은 그 광경에 군침깨나 삼키지만, 군데군데 낚시 금지 팻말을 걸어놓아 그걸 어기면 호되게 벌금을 물어야 한다. 자연 보호는 아무리 강조해도 지나침이 없다는 것을 다들 알고는 있지만 지키기는 쉽지 않은 모양이다. 감시하는 번거로움이 있으니…….

목감천의 갈대꽃들이 여름을 무사히 건너온 시민들에게 이제는 계절의 낭만도 즐기시라고 하얗게 손 흔들어 맞아주고 있다.

겨울밤에 우는 매미

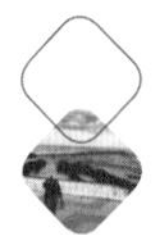

한여름 무더위가 절정을 향해 치솟으면 매미 소리도 질세라 덩달아 치솟는다. 매미는 시골 여름의 상징 같은 존재였는데, 요즘은 복잡한 도시 한가운데서도 매미들의 울부짖는 소리를 쉽게 들을 수 있다. 뭐니 뭐니 해도 매미 울음소리는 넓은 들 한가운데 높다란 원두막 위에서 옅은 오수에 잠겨갈 때 멀리서 들려오는 소리라야 제격이다.

한낮 열광하는 태양 아래 참외 넝쿨, 호박 넝쿨도 뜨거움을 견디지 못해 축축 늘어질 때 그늘이라고는 없는 들판에서는 원두막이 유일한 더위 피난처가 된다. 땀도 들일 겸 잠시 원두막에 누우면 기다렸다는 듯이 솔솔 찾아드는 잠. 높다란 원두막 위에 이따금씩 불어오는 감질맛 나는 바람을 느끼며 나른히 잠에 빠져들려는 그때, 멀리서 들려오는 매미 소리는 그야말로 달콤한 감로주요, 엄마의 자장가다. 그 소리는 너무나 시원해서 거기가 숲인 걸로 착각하고 만다.

촌뜨기여서 그런가? 나는 매미 소리까지도 시골 매미 소리가 좋다.

시골에서 우는 매미 소리는 소리도 순하고, 박자도 여유롭고, 공명감도 맑은데, 도시 공원의 매미 소리는 그악스러워서 또 하나의 소음일 뿐 청량감이라고는 없다. 도시의 잡다한 소리를 이겨내고야 말겠다는 결의에 찬 소리는, 마치 양철 지붕을 일제히 긁는 것 같은 찢어지는 소리여서 듣고 있노라면 그들의 성대는 과연 온전할까 하는 염려마저 생긴다.

나는 생태계를 연구하는 학자가 아니므로 생태계의 변화를 잘 알지는 못하지만, 저 애들은 어째서 살기 좋은 시골을 팽개치고 무작정 상경한 것일까? 또 어째서 밤낮을 가리지 않고 저리 악을 써대는 걸까? 망아지는 낳으면 제주도로 보내고, 사람은 낳아 서울로 보내라는 말을 쟤들도 어디선가 듣고 온 것일까? 그렇다손 치더라도 지네들이 무슨 사람이라고, 이 아귀다툼 속에 살아가는 인간 흉내를 낸다는 말인가? 기회 있으면 곤충학자에게 그 까닭과 원인을 한 번 알아볼 일이다.

나는 인간이면서도 매미 흉내를 내며 시골에서 살았었다. 지금 과거형으로 기술하는 것은, 지난날, 그러니까 내 어린 시절에 있었던 일을 이야기하고 싶어서다.

지금도 나는 도시도 아니고 그렇다고 완전히 시골도 아닌, 도농의 완충 지역에 살고 있다. 얼마 전, 그러니까 내가 이곳으로 이주해오던 당시만 해도 이곳은 완전히 시골이었다. 오월이면 아카시아 향기가 온 마을을 덮는 고즈넉한 시골이었는데, 오래 살다 보니 여기까지 개발 바람이 불어와 지금은 오롯한 농촌 풍경은 아니다.

연어 같은 물고기는 죽을 때 제가 태어난 고향을 찾아가는 회귀 본능이 있고 코끼리도 그렇다고 들었는데, 감정을 가진 사람이야 더 말해 무엇하리오마는, 나이가 들어가니 자꾸 옛날 생각이 난다.

내가 나고 자란 곳은 서울의 변두리다. 지금은 옛 모습이 하나도 남아있지 않은 복잡한 도시가 되었지마는, 현재야 어찌 되었건 당시에는 어디서나 흔하게 볼 수 있는 가난에 찌들어 빠진 보리 깡촌이었다.

어렸을 때 나는 참 철부지 매미였었다. 지금이나 그때나 노래 부르기를 끔찍이도 좋아해서 혼자 교회 주일학교에 다닌 것도 순전히 노래 때문이었다. 거기는 늘 노래가 흘러넘치는 곳이었다. 학교에도 음악 시간이 있긴 하지만 그건 감질나게 드문드문이었고, 내가 노래할 기회가 자주 생기는 것도 아니므로 늘 노래가 고팠다.

나는 어릴 때 수줍음 많은 조용한 아이였다. 별로 그악스럽게 나대지 않는 아이여서 우리 식구들, 아니 어머니까지도 내가 어떤 아이인지 제대로 파악하지 못하셨다. 가족들에게 그저 있는 듯 없는 듯한 존재였다. 언니들에 비해 상대적으로 똑똑하지도 못했고, 학교에서 국어 점수, 음악 점수만 유달리 높았지만 그건 당시엔 아무 자랑거리도 못 되었다. 먹고살기에 급급한 그 시절에 당연한 현상이었고, 뭐 하나 잘난 것 없는 나는 열등감 많은 아이로 성장했다. 우리 가족들은 사실 내가 혼자서 주일학교에 다녔다는 것도 알지 못한다. 말썽 피우지 않는 아이이니 어디서 잘 놀고 있으려니 했을 것이다. 그래서 내 어린 시절은 나 혼자만 아는 추억으로 점철되어 있다.

지금처럼 농촌도 기계화되기 전에는 모든 삶의 수단을 수작업에만 의존했다. 농촌 마을 곳곳에는 넓은 타작 마당이 하나씩 있기 마련이다. 지금은 논에서 벼를 베는 즉시 낟알과 짚이 분리되어 나오지만, 그때는 벼 포기마다 일일이 낫질을 해야 했고, 베어낸 벼 포기들은 우마차로 타작 마당으로 옮겨와 탈곡하였다. 가을이면 동네 중앙에 있는 타작 마당에서는 날마다 새벽부터 밤까지 탈곡기 소리가 온 동네를 덮었다.

우리 집은 타작 마당과 붙어 있었다. 대문을 열고 나오면 바로 타작 마당이었으니까. 탈곡기 소리는 언제나 나의 이른 잠을 깨웠다. 동도 트기 전 석유에 적신 솜방망이에 불을 붙여 높이 세워놓고 동네 장정들이 나서서 종아리에 알이 배도록 탈곡기를 밟았다. 낟알을 털어낸 빈 짚은 한 아름씩 묶어서 낟가리로 쌓아둔다. 그 낟가리들은 집집이 가진 논의 넓이에 따라 크거나 작아진다. 우리 집 낟가리는 중간쯤이었다.

지푸라기들은 쓰임새가 아주 많았다. 당시 마을에는 기와집보다는 초가집이 압도적으로 많았으므로 초가집 이엉을 새로 얹는 데 쓰였고, 농사에 없어서는 안 될 가마니나 새끼줄을 꼬는 데 쓰였으며, 겨울철 소의 양식이 되어주기도 했다. 농우를 기르지 않는 집에선 땔감으로도 요긴했다. 낟가리를 높이 쌓아두고 있으면 마음 뿌듯한, 그것은 농민들의 재산이었다.

가을 지나 겨울이 되면 숨 가쁘게 돌아가던 탈곡기도 헛간에서 잠을 자고, 그때부터 마을은 고요하고 맑게 가라앉는다. 모두 따뜻한 온돌방에서 농한기 휴식에 들어가기 때문이다. 이때부터 타작 마당은 아이들 차지가 된다. 계집아이들은 공기놀이나 고무줄놀이를 하며 놀고, 사내아이들은 자치기나 팽이치기, 제기차기 등을 하며 짧은 겨울 낮을 보내었는데, 나는 낮보다 밤이 더 좋았다. 따뜻한 낟가리에 온몸을 파묻고 호수 같은 밤하늘의 쏟아질 듯 가득 찬 별 떨기를 바라보면서, 한여름에 매미들이 그랬던 것처럼 노래 부르기를 좋아했다.

"푸른 하늘 은하수 하얀 쪽배에 계수나무 한 나무 토끼 한 마리……."

"해는 져서 어두운데 찾아오는 사람 없어……."

"예수께로 가면 정말 기뻐요. 나와 같은 아이 부르셨어요.……."

"갈 길을 밝히 보이시니 주 앞에 빨리 나갑시다……."

"나의 갈 길 다 가도록 예수 인도 하시니……."

레퍼토리는 무궁무진했다. 내가 겨울밤을 그토록 좋아했던 것은 그 익명성 때문이었다. 밤의 검은 장막이 나를 감춰주어서 자신을 드러내지 않고 목청껏 노래할 수 있으니 얼마나 자유스러운가? 만약 집안에서 노래를 부른다면 당장에 시끄럽다는 불호령이 떨어질 것 아니겠나?

여름은 밤의 길이가 짧기도 하거니와 어른들이 더워서 밤늦도록 멍석 위에서 이야기꽃을 피우시므로 내가 비집고 들어갈 시간은 없었다. 그러나 겨울밤에는 어른들이 모두 문 닫고 방안에 들어앉아 있으므로 내가 어디서 무얼 하는지 아는 사람은 없었다. 그러니 이 일도 오롯이 나만의 추억으로 간직된 것이다. 낟가리는 마을을 뒤로 지고 앉아 있었기 때문이다. 혹시 출타했다가 늦게 귀가하는 분이 간혹 내 노래를 들을 수는 있겠으나 목소리의 주인이 누군지는 알 수 없었을 것이다. 나는 낟가리 속에 폭 파묻혀 있었으니까 말이다.

내가 다니던 교회는 건넛마을에 있었다. 우리 동네 토박이 원주민들은 그 건넛마을을 냇바닥이라고 불렀다. 그곳은 6·25 동란 때 이북에서 피난 내려온 사람들이 국유지인 하천 옆으로 천막을 치고 정착하면서 자연스럽게 형성된 마을이었다. 그들은 자신이 살집보다 먼저 교회부터 세웠다. 교회도 역시 바닥에 가마니를 깐 천막 교회였다. 내가 주일학교에 다닐 즈음에는 시멘트 블록 담이긴 하지만 그래도 번듯한 건물이 세워진 후였다.

사람들의 생활력이나 자식 교육열은 원주민들이 따라갈 수 없었다. 집집이 마당에 염소 한두 마리씩은 매여있었고 처음 보는 소규모 가내공업도 하고 있었다. 그 가내공업을 경영하시는 아저씨는 내가 다니던 교회 장로님이셨다. (교회는 근방에 그것 하나뿐이었음)

내가 안동네에 산다는 걸 (건넛마을에선 우리 동네를 안동네라 불렀다.) 아시는 장로님이 하루는 이러시는 거였다.

"안동네에 꼬마 천사가 사는 것 같은데 혹시 너 아니?"

나는 무슨 얘긴지 알아듣지 못했다. 멀뚱히 쳐다보자 또 이러셨다.

"내가 일이 있어서 늦게 다닐 때가 많은데, 안동네에서 밤마다 들려오는 찬송 소리가 얼마나 반갑고 듣기 좋은지! 적적한데 무섬증도 없어지고 심심치도 않아서 참 좋더라. 가끔 노랫소리가 안 들리면 서운

해. 혹시 아이가 어디 아픈 건 아닌지 궁금하기도 하고 말이야."

그러시면서 그 아이를 아느냐 하셨다. 나는 죄지은 사람 마냥 가슴이 마구 두근거렸다. 얼굴도 화끈거렸다. 그러나 그 아이가 나라는 말은 하지 않았다. 그것은 나만의 비밀이었으니까. 그 뒤로 거기서 노래 부르는 것이 예전처럼 자유롭지 못했다. 왠지 자꾸만 주눅이 들어서 목청껏 소리를 지를 수가 없었다. 나는 지금 노래하는 매미라고 쓰고 있지만, 그건 노래가 아닌 울음이기 때문이다. 지금 도시의 매미들이 악을 쓰며 울부짖는 것처럼, 나도 그런 식으로 욕구를 풀어내는 울부짖음인 것을 누군가 듣고 있었다니 한없이 그 짓을 할 수도 없는 노릇이었다.

그 후 겨울 매미 놀이는 흐지부지되어 버렸는데, 지금 생각해보니 참 웃기는 짓을 했구나 싶다. 어린 마음에 몸만 숨기면 되는 줄 알았으니, 밤 소리가 얼마나 멀리멀리 퍼져나가는지 까맣게 모르고 있었으니……. 나 혼자만 아는 완전 감쪽같은 은닉인 줄 알고 있었으니, 참, 순진한 건지 조금 모자라는 건지 헛웃음이 난다.

지금 돌이켜 생각해보면 부끄럽고 아쉬운 점이 한두 가지가 아니다. 그때 시골 아이들은 잘 먹지 못해 아프리카 아이들처럼 깡말랐고, 단백질 부족으로 배만 볼록 나와 있었다. 그 냇바닥 사람들이 집마다 키우는 염소를 왜 토박이 원주민들은 아무도 키우지 않았을까? 문만 열면 사방에 깔린 게 풀이었는데, 초식동물인 염소를 논둑 밭둑에 매어두면 그냥 저절로 자라는 것을. 거기서 얻는 염소 젖이면 아이들에게 충분한 단백질 공급이 되었을 텐데, 왜 아무도 그런 걸 눈여겨보지 않았던 걸까?

지금은 교회가 너무 상업적으로 흘러서 일부에선 논란거리도 되고 있지만, 기독교 신앙을 일찍 받아들인 지역마다 사람들의 의식이 깨어나서 빠른 발전을 부른 것은 부인할 수 없는 사실이다. 우리나라 기독교 초창기는 남쪽보다 북쪽이 훨씬 앞서있어서 그들은 빈 몸으로 피난 내려왔어도 원주민보다 오히려 부유하게 살았다. 참 샘나는 일이다. 우리 동네엔 왜 정신이 깨인 선각자가 단 한 명도 없었더란 말인가?

어머니는 나중에 후회하셨다.

이 얘기는 구한말 때 얘기지만, 아버지께선 어머니에게 예수 믿어야 한다고 교회에 데리고 나가셨단다. 당시에 교회는 큰맘 먹지 않으면 다니기 어려울 만큼 멀리 있었다고 한다. 아마 사대문 안에 있는 교회도 그 숫자는 한 손으로 꼽을 만하였을 것이다. 어머니에겐 연년생의 자식들이 주렁주렁하니 어머니가 집 밖으로 나가시는 일은 거의 불가능했을 것이다. 아버지의 강권으로 한두 번 교회에 따라가신 적은 있었지만, 너무나 힘들어 나중에 아이들 다 키워놓은 후로 미루셨단다. 나중으로 기약한 세월은 어머니의 한평생을 거의 다 보내버린 끄트머리까지 이어졌다. 그나마 끄트머리에서라도 어머니는 주님의 품으로 돌아왔고, 그때 어머니는 고백하셨다. 아무리 힘들었어도 예수는 믿었어야 했다고. 그랬다면 우리 집안 운명의 판도가 바뀌었을 거라고 후회하는 말씀을 하셨다.

아버지는 6·25 사변 때 돌아가셨다. 그 당시 우리 자매들은 모두 어렸고, 우리 집의 가난은 예정된 순서였다. 우리 자매들이 굶어 죽지 않고 모두 살아있는 것은 부지런하신 어머니 덕이었다. 어머니는 마당 한쪽을 막아서 닭을 키우셨다. 많지는 않지만 그 닭들은 우리가 잡아오는 개구리를 삶아 먹여서 살이 쪘고, 건강한 유정란을 곧잘 낳아 주었다. 그러나 우리 자매들이 그 달걀 맛을 보기란 하늘의 별 따기였다. 달걀은 차곡차곡 모아서 돈으로 바꾸어야 했다. 그것 아니면 도무지 돈 구경은 할 수 없었다. 그때는 무상교육 시대도 아니었다.

우리는 모두 어머니의 사정을 이해했기에 착하고 온순한 딸들이었다. 불만은 있을 수 없었다. 만약 우리 집도 염소를 한두 마리 키웠더라면 가공하지 않은 우유는 팔 수 없으니 고스란히 우리 차지가 되었을 것이다. 때늦은 아쉬움이지만 지금도 우리가 놓치고 사는 것은 없는지, 생각은 늘 깨어있어야만 할 것 같다.

똑바로 줄긋기

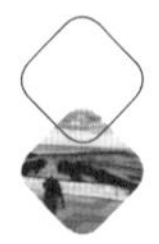

나타나는 모든 결과에는 그렇게 될 수밖에 없는 타당한 원인이 있게 마련이다.

우리는 살아가면서 수없는 시행착오를 저지르게 되고 거기에 따른 씁쓸한 결과를 만나게 된다. 간혹 결과의 문제가 사람이 대상이 되는 것이라면 오해가 원인이거나 때로는 억울하게 뒤집어쓰는 씁쓰레한 결과도 나올 수는 있겠다. 그러나 혼자 행한 일에서 나타나는 원치 않는 결과는 노력 여하에 따라서 얼마든지 개선할 수도 있는 문제임에도 불구하고 개선할 생각 없이 그대로 살아가는 일 또한 부지기수다.

예를 들면, 늦잠 자는 버릇을 못 고쳐서 툭하면 지각하는 경우, 시간 개념이 느슨해서 약속시각을 번번이 어기는 경우, 방만한 식습관으로 자신의 건강까지 해치는 경우, 말을 절제하지 못해서 구설에 오르는 경우.

그 밖에도 원치 않는 결과를 불러오는 원인은 열거하기 어려울 만치 다양하다. 온갖 씁쓰레한 결과는 사람을 의기소침하게 한다. 원인이 자신에게 있으므로 어디에 원망도 못 하고 냉가슴 앓는 사람은 나 말고도 더 있을 것이다. 모든 일에 자신만만하여 항상 완벽한 사람이 어디 그리 흔하랴마는, 나의 의기소침을 부추기는 일 중에는 못생긴 나의 필체도 한 몫을 차지한다.

나는 아직도 컴퓨터 사용이 서투르다. 사이버공간에 글쓰기보다는 연필로 종이에 쓰는 게 훨씬 편하고 친근감마저 들어서 빈 종이만 만나면 절대로 버리지 않고 챙겨둔다. 글쓰기 달인이 아닌 이상 글 쓸 때 파지도 만만찮게 생기므로 배달되는 신문 갈피에 끼어들어 오는 홍보 전단 이면도 유용하게 글 쓰는 지면으로 활용한다.

종이에 써놓은 글자들은 마치 내가 낳은 친자식과 같다. 물론 한글 창제는 세종대왕께서 투철한 애민 정신으로 이룩해놓으신 훌륭한 문화유산이지만, 단어를 조합하고 문장을 만들어 내는 것은 순전히 내 몫이다. 언어, 즉 문장을 만들어내는 일도 나에게는 결코 쉽지 않은 일이어서 거기까지는 감히 불만을 가질 수도, 씁쓰레한 입맛을 다실 수도 없다. 그 엄두 안 나는 분야는 평생을 갈고 닦아야 할 멀고 먼 길이라서 지레 겁을 먹고 이미 마음을 접었다.

그러나 글 필체만큼은 내가 창작하는 것이 아닌 만큼 훈련과 노력 여하에 따라서 얼마든지 개선하여 만족한 결과를 얻어낼 수 있는 일임에도 번번이 글씨를 써놓고는 마음에 안 들어 씁쓰레한 기분에 빠져드는 것이다. 글씨가 이다지도 밉게 써지는 원인은 무엇일까? 곰곰이 생각해봐도 알 수가 없다. 원인만 알게 된다면 고치기도 쉬울 성싶은데 말이다.

글씨 밉게 쓰는 것이 한스러워 한때는 글씨 교본을 사서 연습한 적도 있었고, 펜글씨 학원에 다닌 적도 있었다. 글씨 교정 학원에 다닐 때는 조금 나아지는 듯싶기도 했다. 그렇다고 적지 않은 돈을 지급해야 하는 학원을 한정 없이 다닐 수도 없는 노릇이어서 학원을 그만두게 되니 점차로 예전의 그 미운 필체로 되돌아와 버리는 것이다.

사람마다 지문이 다르듯 필체도 사람마다 다르다고 한다. 아무리 교본을 갖다 놓고 그림 그리듯 똑같이 베껴내도 그 사람만의 특징은 나타나는 것이어서 중요한 문서를 작성할 때 자필은 인감도장만큼이나 효력을 가지고 있다. 도장이 없을 때 사인을 받는 것도 같은 맥락이다.

그렇다고 해도 나만의 개성이 미운 것으로 고착화할 필요는 없지 않겠는가? 글씨가 예쁘면서도 개성까지 있어준다면 그것이야말로 금상첨화 아니겠는가? 그런데 그것이 영 만만치가 않으니 문제였다. 여러 사람이 모여 자필을 내보이게 될 때 필체가 좋은 사람은 사람까지 돋보이고, 하물며 인격까지 높아 보이니(내 경험으로 볼 때 필체와 인격은 전혀 상관이 없음) 그 부러움은 이루 말할 수가 없다. 부러움의 열망을 가슴에 품은 채 속수무책으로 못생긴 글씨를 숙명처럼 걸머지고 살아왔던 것인데, 한 사건을 만났다. 십수 년 전에 있었던 일이다.

우연한 기회에 미운 글씨의 원인이라면 원인이 될 수도 있는 문제를 하나 찾아내기는 하였다. 여럿이 모여 하나의 주제를 가지고 글 쓰는 기회가 만들어졌다. 내 옆에 앉은 지인이 아주 글씨를 예쁘게 썼다. 부러운 마음이 발동해 탄식처럼 그에게 말을 걸었다.

“어떻게 글씨를 그렇게 예쁘게 쓰세요? 나는 악필 중의 악필이어서 글씨 예쁘게 쓰는 사람이 제일 부러워요!”

그는 아주 멋쩍어하면서 이렇게 대답하는 것이었다.

“뭘요. 그렇지도 못해요.”

가식이 느껴지지 않는 순수한 모습이었다. 우리는 각자의 생각으로 돌아가 진지하게 그날 주제에 맞는 글쓰기에 골몰했다. 그가 또다시 조용히 말을 건넸다.

“성격이 많이 급하신가 봐요?”

처음 듣는 소리였다. 내 성격이 급하다는 생각을 해본 적이 없었고, 주변에서도 들은 적이 없기 때문에 그 사람이 무슨 근거로 그런 말을 하는지 얼핏 집히는 게 없었다.

“아니요. 저 성격 급하지 않은데요!”라고 잘라 말했다. 그는 다시 덧붙였다.

“생각이 잘 안 풀려서 글 쓰시는 걸 잠시 지켜봤어요. 그런데 글씨를 굉장히 빨리 쓰시는군요. 그래서 혹시 성격이 급하신가 하고…….”

그는 미안쩍은 얼굴로 말끝을 흐렸다. 그 말을 의식하고 보니 나는 정말 글씨를 엄청난 속도로 써내려가고 있었다. 너무 속도를 내다보니 어떤 글자는 받침도 대충 써서 본인 아니고는 알아보기도 힘들 지경이었다.

그 지인이 또 말했다.

“글씨를 천천히 쓰시면, 그리고 또박또박 쓰시면 훨씬 좋아지실 것 같네요.”

그렇게 고마운 충고를 해주는 것이다.

‘그렇구나! 그런 것이었구나!’

나는 크게 깨달았다. 그 뒤부터는 글씨를 천천히 쓰는 연습에 들어갔다. 글씨를 천천히 또박또박 쓰자고 의식하고 쓸 때는 그런대로 좀 나아지는 성싶기도 했다. 그런데 얼마의 시간이 흐른 뒤에 글씨를 보니 또다시 원점으로 돌아와 버렸고, 여전히 속도를 내고 있었다. “아! 이것도 천성인가 보구나! 그렇다면 할 수 없는 일 아닌가?”라고 장탄식을 하면서 체념을 해버렸다.

성격도 급하지 않은 내가 왜 글 쓸 때만 이렇듯 허둥대는 것일까? 그 점을 또 생각해보지 않을 수 없었다. 그리고 원인을 비스름하게나마 알게 되었다. 글을 쓸 때 필사를 하는 경우는 의식적으로 천천히 쓰는 게 가능한 일이기도 하다. 그러나 내 글, 그러니까 창작할 때는 도저히 그 천천히가 안 되는 것이다. 수려하게 써진 글씨를 보면 내리긋는 선이 똑바르고 방향도 간격도 일정하다. 학원에서 글씨 연습을 했을 때도 뉘여서 긋고 세워서 긋는 작대기 그리기만 거의 한 달을 연습시켰다. 그러자면 반드시 천천히 써야만 가능해지는데, 아무리 어쭙잖은 글이라도 영감이 떠오를 때는 그 글의 상을 놓치지 않으려는 생각에 도저히 천천히 쓸 수가 없게 된다. 글씨체에 신경을 빼앗기다

보면 글씨보다 더 중요한 내용, 즉 글의 알맹이를 놓치게 되므로 허겁지겁 써내려갈 수밖에 없다.(내 경우에는) 그러니 글씨는 점점 더 미워지고 그 습관이 굳어지다 보니 이제는 천성처럼 되어 버렸다는 생각이 든다.

대문호들이 대부분 악필이란 소리를 들은 적이 있다. 타자기도 컴퓨터도 없던 시절의 문장가들에게는 있을 법한 일이라는 생각도 든다. 혹자는 글씨 못생긴 자의 그럴듯한 궤변으로 몰아붙일 수도 있는, 가소롭기 짝이 없는 말인 줄 나도 안다. 그래서 더없이 민망스럽고 쥐구멍이라도 찾고 싶은 심정이기는 하다. 그렇지만 또 한편으로 생각하면 대문호에게만 영감이 떠오르란 법도 없지 않은가? 글의 질, 그러니까 수준이 낮으면 낮은 대로 생각(영감)이 떠올라야 글을 쓸 수 있으니 떠오름의 맥락에서 본다면 같은 이치인 것이다.

나는 글을 쓰는 행위를 취미로 하지만 글을 써서 밥을 먹는 전문 작가들은 아무것에도 방해받지 않고 창작에만 몰두하기 위하여 한적한 곳에 작업실을 마련하는 것이리라. 글 쓰는 일을 취미로 하지 않는 이상, 세상에 자기 이름을 내걸고 글을 쓰는 작가들은, 매일매일이 얼마나 지독한 자신과의 투쟁일지 책을 읽을 때마다 그분들의 위대성에 감탄하며, 고마운 마음도 크다.

나는 해도 그만 안 해도 그만인 취미로 글을 써도 그 지난함에 질려 고개가 절로 흔들어지는데, 아무리 일용할 양식을 해결하기 위해서라지만 하필이면 뼛기름이 요구된다는 그 일을 천명인 양 해내는 것을 보면 작가는 남다른 영감을 하늘로부터 받는 사람들 아닐까 하는 생각이 든다. 그런데도 세계의 문턱이 얼마나 높은지 우리나라는 노벨문학상 하나가 없으니 어찌 된 일인가?

미국의 가수 밥 딜런이 2016년도 노벨문학상을 받은 것에 대해 왈가왈부할 생각은 없다. 그의 노랫말 가사는 썩 훌륭했으니까. 그렇다고 해도 전문 문학인도 아닌 가수가 노벨문학상을 타는 마당에 우리나라 굴지의 작품들은 과연 제대로 평가받고 있는지가 의심스럽다.

팔이 안으로 굽는 애정 어린 생각인지는 몰라도 세계 최초로 금속활자를 만들어 낸 민족이 우리 아닌가? 『GOLD & WISE』에 따르면 1377년 고려 시대 『직지심체요절』이 세계 최초의 금속 활자 인쇄라 한다. 그 금속 활자 인쇄물은 청주 흥덕사에서 고려 승려 백운화상이 선승의 법을 전할 목적으로 저술한 『백운화상초록불조직지심체요절』을 줄여 부르는 것으로, 원래 상하 2권으로 알려졌지만 상권은 아직 발견되지 않았고, 하권은 프랑스 국립도서관이 소장하고 있는 것으로 밝히고 있다. 그렇다면 우리 민족의 우수성이 모자라서 아직도 노벨문학상이 하나도 없다고는 믿고 싶지 않다. 그렇다면 어디에서 그 해법을 찾아야만 하는가? 깊이 고심해볼 필요가 있다.

살며 생각하며

또 밤입니다. 자고 나도 밤이고, 잠에서 깨어나도 또 밤입니다. 숙면을 취하지 못하는 밤은 잡다한 꿈들이 뒤엉키고, 악몽에 시달리기 싫어서 깨어 있으면 또 쓰잘머리 없는 생각이 뒤엉킵니다.

당신이 떠나간 지 오늘로 200일.

단군께서 오신 날을 단기로, 예수께서 오신 날을 서기로 짚어 나가는데, 나는 당신이 떠나간 날로부터 날짜를 짚어나가기 시작했습니다. 왜 그렇게 했는지 정확히 알 수는 없지만, 아마도 뭐라도 하지 않으면 견딜 수가 없어서 이것저것 닥치는 대로 잡고 늘어졌는지도 모르겠습니다.

일기장을 들춰 보면 무슨 성스러운 의식을 거행하듯이 당신이 떠나간 후의 날짜들이 사연과 함께 빼곡합니다. 사람들은 이 정도 시간이면 찢어진 상처 자국도 아물 때가 되었다고 생각하는 모양입니다. 며칠 전 갑상선 기능 저하증 때문에 백병원에 갔었습니다. 담당 교수님이 그냥 지나가는 인사말로 물으시더군요.

"어떠세요. 이젠 견딜 만하시지요? 많이 잊으셨지요?"

15년 이상 그 병원에 다녔기 때문에 비교적 내 사정을 많이 알고 계시는 그분은, 여자분이셔서 내가 남편과 사별한 걸 많이 안타까워 해 주셨습니다.

"아니요. 어떻게 잊겠어요?"

나는 딱 잘라 말했습니다. 해는 바뀌었지만 이제 겨우 6개월이 지났을 뿐인데, 아직도 어제 일처럼 생생하기만 한데, 기억의 한계점에 도달하려면 앞으로 몇 개월, 아니 몇 년이나 더 걸릴까요? 권 교수님은 될 수 있는 한 빨리 잊는 게 내가 살아갈 길이라고 격려를 해주셨지요.

그러나 안 잊었어도 나는 아직 살아 있습니다. 살아 있기에 생각도 할 수 있고, 또 이런 글도 쓸 수 있는 것이 아니겠는지요. 지금은 농한기라 남는 시간이 많습니다. 지난 육 개월 동안 미친 듯이 일을 했습니다. 당신이 하던 그대로 알타리도 심고, 무 배추도 심고, 고구마, 호박, 들깨, 콩, 옥수수, 수수, 팥, 등 종류대로 심어서 실하게 농작물을 거두었습니다. 막냇동생이 안쓰러워서 큰언니가 자주 밭에 와 일을 거들어 주기도 했습니다. 엄마 같기만 한 큰언니가 오면 그나마 구린 입이라도 한 번 열게 되지만, 그렇지 않은 날은 하루 종일 말할 상대라고는 없습니다. 흙 속에 지렁이에게도 말을 붙이고, 풀밭에 뛰어다니는 곤충들이나 새들에게도 말을 걸었습니다. 그 시간만큼은 마음이 한없이 평화로워집니다.

당신에게 참 고맙습니다. 내가 숨 쉴 수 있는 공간과 일을 남겨 주어서요. 농사일은 당신이 하던 그대로 차질 없이 이행해 나갈 것입니다. 나의 체력이 허락되는 한 말이지요. 때로는 정신력이 체력을 극복하는 이유가 되어주기도 하는 거니까, 내가 살기 위해서 농사일은 나에게 구원투수 같은 것으로 생각하고 있습니다. 김장하고 남은 무 배추는 당신이 하던 대로 구덩이를 파고 땅에 저장해두었습니다. 당신이 떠나간 1주기 추도식 날에 맞추어 회고 문집을 내려고 올겨울 동안은 글을 쓰고 있습니다.

어찌 보면 다 부질없는 짓일지도 모른다는 생각이 들다가도, 또 한편으로는 이것이 살아 있는 몸짓 아닌가 하는 생각으로 바뀌기도 합니다. 무엇이든지 기록하기를 좋아하는 습성은 하루 이틀 된 것이 아니어서 쉽사리 버릇을 벗어던지기도 어렵습니다. 그러나 회고 문집을 내려는 것은 꼭 그러한 습성에 기인한 것만은 아닙니다.

당신의 가문, 당신의 아들과 손자의 또 손자까지로 이어갈 후손들에게 당신을 제대로 알려주고 싶어졌습니다. 혹시 타인들에게도 읽힐지 몰라서 가려놓은 부분이 없진 않지만, 내가 생각하고 있는 당신은 모 그룹의 창업주보다 결코 뒤지지 않는 사람입니다. 이 말의 뜻은 물질의 크기를 말함이 아닙니다. 그 정신을 말함입니다.

당신에게 자꾸만 미안합니다. 나약한 모습 보이는 걸 가장 싫어했던 당신 앞에, 나는 아직도 나약해 빠진 어린아이와 같아서 울다가 잠드는 때가 종종 있나 봅니다. 아침에 일어나보면 흐르다가 말라버린 도랑물처럼 눈꼬리에 눈물 찌꺼기가 말라붙어 있습니다. 언제쯤이나 나는 씩씩한 모습이 되어 있을까요?

글 쓸 때 연필을 즐겨 사용하는 나에게는 지우개가 남아 있지를 못합니다. 내 인생에서 어떤 부분은 지우개로 싹싹 지워버리고 싶은데, 이즈음이 딱 그렇습니다. 앞으로 남은 날들도 거의는 그런 날들의 연속일 테지만, 그 속에서도 그나마 위로가 되어주는 것은 글을 쓸 수 있다는 점입니다. 연필을 들고 백지와 마주 앉으면 내 앞에는 작은 우주가 펼쳐지고, 그 속에서 나는 유일하게 행복해집니다. 돋보기안경 두께가 점점 두꺼워져 가는 것은 좀 유감스럽지만, 내게서 떠나가는 것들이 비단 시력뿐이겠습니까? 사람들도 하나둘씩 내 곁을 떠나가고, 그렇게 하나둘씩 떠나간 끝에는 결국 나 자신마저 떠나게 될 테지요. 인생의 어느 역쯤에서 내리게 될지 아직은 가늠할 수 없지만, 아마도 글을 쓸 수 없게 될 때쯤 미련 없이 하차하는 게 바람직하다는 생각이 듭니다.

회고 문집에는 당신이 그린 그림도 함께 넣을 예정입니다. 그 책은 우리 집의 이야기를 담아내는 만큼 온 식구가 다 참여하게 될 것입니다. 그렇게 우리 집안의 작은 역사가 기록될 것입니다. 역사를 되돌아보며 현재를 바로잡아 가듯이 한 가정의 역사도 뒤에 오는 우리 아이들에게 '잘'과 '잘못'을 비춰보는 거울을 만들어주면 참 좋을 거란 생각이 들었습니다.

창밖에는 겨울바람이 스산하게 붑니다. 내 마음도 덩달아 스산합니다. 이제 곧 겨울도 물러가겠지요. 금년 봄에도 매화꽃은 가지가 휘어지도록 필 것입니다. 당신이 그러했듯이 매화나무들을 쓰다듬으며 당신이 못다 맺은 역사를 이어갈 것입니다. 아들에게로, 손자에게로 넘겨줄 때까지는 말입니다. 내가 당신을 생각하는 것처럼 내가 떠난 후에도 누군가 내 생각을 떠올린다면 부끄럽게 기억되지는 말아야지 하는 강박관념이 가끔씩 나를 정신 들게 합니다.

내 능력 안에서 내게 주어진 몫은 다 하고 싶습니다. 그것이 남들 보기엔 하찮게 여겨질지라도 괘념치 않겠습니다. 내 몫의 것 이상을 넘겨다보는 것은 오만이거나 도둑이겠지요. 아쉬움이 남으면 남는 대로 내 몫의 삶은 충실히 살겠습니다. 당신은 지켜봐 주십시오.

며칠 뒤면 음력 정월 대보름이 다가옵니다. 내가 농사지어 말려두었던 묵은 나물들을 모두 꺼내 놓았습니다. 물에 불릴 건 불려놓고 삶을 건 삶아서 열나흗날 저녁에 나물을 볶아서 자식들에게 먹일 것입니다. 오늘을 살며 또 생각하며 착실하게 살아갈 것입니다. 당신은 지켜봐 주십시오. 그리고 응원해 주십시오. 내가 당신 곁으로 가는 그 날까지.

내 남편

아직도 나는
당신 흔적을 지우지 못합니다
장롱문을 열면
나란히 걸려있는 당신 양복이
나의 큰 위안입니다

뼈 중의 뼈요
살 중의 살이라면
마땅히
내가 쉴 곳은 당신 품인데
엇갈린 운명으로 나는 지금
쉴 곳이 없습니다

사노라면
찬바람 불어오고
내 마음 정처가 없어도
나 본래 있던 곳 내 아담의 가슴
스물다섯 번째 늑골 되어
오늘도 살아갑니다

강

사무치게 그리운 사람아!
우리 사이에
가로 놓인 강

당신이 내게로
올 수 없기에
내가 갑니다

삶이란 본시부터
강
이쪽과 저쪽

강가에 홀로 서서 매일매일
몇 번쯤 노를 저으면
건너게 될는지

때로는 한 뼘
때로는 서너 뼘 강폭을 재면서
당신이 올 수 없기에
내가 갑니다

여백(餘白)과 여분(餘分)

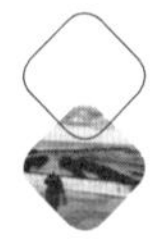

여백과 여분은 나머지라는 뜻에서 같은 말이지만, 나는 그래도 여분이라는 말에 더 호감이 간다. 여백이라는 단어가 청빈한 선비의 이미지를 가졌다면 여분은 풍족하다는 이미지를 강하게 풍기기 때문이다. 삶이 풍요로워진 요즘은 여백을 예술의 경지에까지 끌어올려 여백이 글 혹은 그림의 연장선이라고 보고 그 여백의 미를 강조하고 있다.

아름다움을 위해서 일부러 남겨둔 공간이라면 헐거워서 숨쉬기도 편안하고 미의 완성으로 보는 게 당연하다. 그러나 비워 둔 공간이 자칫 실력 부족으로 인한 나태함일 수도 있다는 혐의점을 배제할 수 없다는 데 문제가 있는 것이다.

글쓰기란 결코 쉬운 일이 아니어서 저명하신 문인들까지도 그 지난한 작업에 들어가면 뺏기름을 짜서 글을 쓴다고 하지 않던가? 몇 자 안 되는 글자로도 할 말 다하여 훌륭히 차원 높은 작품의 완성을 이끌어 낸 작품의 여백은 실로 아름답기 그지없다. 하지만 과연 그러한 경지의 대가가 몇 명이나 되는가 하는 점을 고려할 때 능력 부족으로 채우지 못한, 그저 짤막하기만 한 저품 내지는 소품을 써놓은 빈 공간, 즉 여백이 얼마든지 있다는 것을 생각지 않을 수 없다.

원고 청탁을 받았을 때 원고지 한 장 채우기가 힘들어 땀 뺀 경험이 있는 사람은 잘 알 것이다. 여백이란 말이 얼마나 무시무시한 말인가를. 빈약한 글 짤막하게 써 놓고 혹은 그려놓고, 빈 공간을 여백이라고 우긴다면 그것은 여백이 아니라 빈곤일 뿐이다. 그러나 채우고 남아서 나누는 여분(餘分)은 아무런 혐의점 없는 든든함이 있다.

우리네 삶에 항상 여분이 있으려면 얼마나 많은 수고와 노력이 있어야 가능해질까? 물론 세상에 태어나면서 금수저를 물고 나왔다는 족속들은 빼고 말이다. 또 여분이란 말의 부요한 이미지가 스크루지 영감을 생각나게 해서도 곤란하다.

여분이란 글자를 그대로 직역하면 나눌 분(分) 자로 나눔이란 뜻 아닌가? 한데 나눔이란 것도 실행하기란 만만찮은 구석이 있어서 그 또한 어렵기는 마찬가지다. 오죽하였으면 말씀으로 기록하셨을까?

"주라. 그리하면……."

가난을 경험해 본 사람에게 여분이란 혹시 모를 내일을 염려하는 자신의 목숨줄 같은 것이니 어떻게 선선히 나눔을 실천할 수 있겠는가? 그래도 여분, 아니 여분이 아니더라도 나누며 사는 사람들이 세상에는 의외로 많다.

이건 어떤 책에서 읽은 얘기다. 어느 가난한 시인이 가진 것이 없어서 월세도 아닌 연 50만 원짜리의 산골 허름한 셋집에서 텃밭을 일구어 자급자족하며 살아갔단다. 가족이 없이 홀로 살아가는 그 시인은 자신이 죽은 후에라도 남에게 신세 지는 것이 두려워서 죽으면 관 값으로 써야 하는 돈 200만 원을 반드시 유지하며 살았는데, 통장 잔액에 200만 원이 넘어가면 아낌없이 더 가난한 사람에게 기부하며 살았단다.

그 내용을 읽고 크게 감동한 적이 있었다. 그런 사람이라면 시인이 아니어도 꼭 한 번 만나 보고 싶은 마음이 있었지만, 시인의 청빈한 인품을 흠모하는 여성 팬들이 꽤나 많다고 하여 나 같은 늙다리는 가만히 있는 것이 그분을 돕는 일이라 생각하고 마음을 접은 일이 있었다.

보통의 부자는 자신의 노력 여하에 달렸지만 갑부는 하늘이 낸다는 말을 들은 적이 있다. 그 시인처럼 욕심 없이 사는 일도 보통 예사로운 일은 아닌 만큼 그도 하늘이 내야 가능한 것 아닐까 하는 생각이 든다.

이 세상에 와서 수십 년을 살았건만 참 아름다운 여백도, 참 아름다운 여분도 이루어내지 못하고 살았다. 그저 내 한 몸 붙잡고 근근이 사는 데만 늘 급급해서 그런 일들은 나와 상관없는 먼먼 이야기일 뿐이라고 여겼으니까.

아버지는 내가 하도 어렸을 적에 돌아가셨으므로 별로 할 이야기가 없는데 어머니에 대해서만은 아주 자신 있게 말할 수 있다. 어머니는 아주 정숙하시고 자애로운 분이셨다. 어릴 적 나 살던 동네는 물론이고 근방에서까지 다 알아주는 바느질 솜씨에, 음식 솜씨까지 뛰어나신 손끝이 매운 분이셨다. 그럼에도 불구하고, 이건 꽤나 비기독교적인 말이어서 하나님께 죄송한 말이지만, 불교의 주장대로 내생이 있다면 이번에는 좀 부유한 집에서 태어나 봤으면 좋겠다. 그때에도 어머니는 내 어머니 그대로면 더욱 좋고. 그래서 내 꿈의 날개를 활짝 펼치고 멋지게 한 번 날아 봤으면 원이 없겠다. 세계를 날아다니며 꿈의 무대에서 아리아를 열창해 봤으면 너무 근사하겠다.

신동으로 태어나지 못했어도 엉덩이를 조금만 밀어주면 너끈히 언덕 위에 올라설 수 있는, 비빌 곳이 넉넉한 그런 집에서 말이다. 그리하여 누가 봐도 아름다운 여백이 느껴지는, 일생일대의 시 한 편(그런 시는 사실 한 편도 어려울 것이므로) 써 봤으면 좋겠다. 그것이 안 된다면 여분을 여분답게 쓸 줄 아는 하늘이 낸 아름다운 사람이거나.

늙으면 어린아이 같아진다는 말도 헛소리인가 보다. 이렇게 순수하지 못한 생각 나부랭이나 지껄여대고 있으니 말이다. 오늘은 별수 없이 헛소리 같은 푸념 한 번 한 것으로 글을 매듭짓는다.

베갯머리송사

보살핌이 부족했었나? 올해는 고구마 알이 기대만큼 실하지가 못하다. 넝쿨이 너무나 무성해서 기대치가 컸던 모양이다. 그래도 우리 식구 겨울 간식으로는 그만하면 충분한데, 풍년을 기대하는 마음은 한결같다.

고구마 넝쿨 밑을 샅샅이 확인하느라고 흙을 파헤쳐서 손발이 흙투성이가 되도록 고구마 캐기 삼매경에 빠져들었다. 힘들기는 하지만 농사일에 빠지면 깊은 산중 구도자처럼 일에 몰입하게 된다. 나는 이런 시간을 사랑한다. 그 어떤 일보다 성스럽게 느껴진다. 일에 빠지면 무아지경이 되어 주변을 거의 의식하지 못한다. 먹는 것도, 마시는 것도 잊어버리고 일에 빠져들기 때문에 농사철에는 체중이 몇 킬로그램씩 줄어든다.

수척해진 얼굴을 보고 자식들이 걱정하면 이제 안 그러겠다고 찰떡같이 약속을 해놓고도 여전히 그 버릇을 못 고친다. 그 지경이니 나에게는 휴대전화도 장식품에 지나지 않는다. 휴대전화를 가까운 나뭇가지에 걸어 놓고 온 밭을 돌아다니니 벨 소리를 못 듣기가 다반사다.

농작물 수확 철인 시월이나 십일월에는 풀밭에 뛰어다니는 메뚜기의 손이라도 빌리고 싶을 만큼 바빠진다. 콩 타작도 해야 하고 들깨도 털어야 하며, 알타리무밭 김도 매야 한다. 김장배추에 벌레도 잡아줘야 하고 헤아리기 숨찰 만큼 일들이 줄을 서서 내 손길을 기다린다. 잠깐 허리를 펴면서 휴대전화를 열어보면 열 번, 스무 번 목메게 나를 부르던 목소리들이 한꺼번에 쏟아진다.

큰 오라버니가 소천하셨다는 소식도 밭에서 들었다. 변두리 요양병원에 계시던 큰 오라버니가 큰 올케언니 곁으로 가셨단다. 무뚝뚝하기가 마른 나무토막 같아서 평생 아내에게 살갑게 하는 모습을 본 적이 없는데, 그래도 아내 곁이 그리우셨던가 보다. 아내를 먼저 저 세상으로 보내고 나서 가끔씩 큰 오라버니 목소리가 젖으시는 걸 보고 '아! 부부관계란 남들은 모르는 것이구나!'라는 생각을 했다.

2박 3일 동안 치른 장례 절차는 기독교 의례대로였고, 영정사진 아래 큰 오라버니의 신급은 집사였다. 친정집은 기독교를 신봉하는 집안이 아니었다. 그렇다고 다른 뚜렷한 종교를 가진 것도 아니었다. 그래도 뭔가 허전하기는 하였던가 보다. 달력에 기록된 민속 절기 같은 때는 불교, 유교, 무속을 뒤섞어 놓은 듯한 비방의 의식을 치르기도 하였다.

나는 기독교 모태 신앙을 가진 사람을 부러워한 적이 있다. 혼자서 애쓰지 않아도 저절로 그 사람들의 신앙생활은 편안해 보였다. 어릴 때 우리 집에서는 유일하게 나만 주일학교에 다녔었다. 크리스마스가 다가오면 그 부러움은 절정에 달했다. 그때나 지금이나 노래 부르기를 참 좋아하던 나로서는 크리스마스 축하 잔치 때 무대 위에서 노래하는 아이들이 엄청나게 부러웠다. 그때 주일학교 선생님은 뜨내기로 교회에 나오는 나 같은 아이는 안중에도 없었다.

'아! 나도 저 무대 위에서 노래할 수 있었으면! 만약에 나를 시켜준다면 지금 저 아이보다 잘할 자신이 있는데…….'

그런 생각을 하면서 무대 아래 앉아 선망 어린 눈으로 그 아이들을 하염없이 바라보고는 하였다.

그러했던 친정 식구들이 하나둘씩 주님의 부르심을 받기 시작했다. 생각하면 참으로 놀라운 사건이다. 나와 셋째 언니는 출가한 후에 주님을 영접하였는데, 그때까지도 친정 집 다른 식구들은 복음에는 끄떡도 하지 않고 있었다. 하나님의 섭리를 나같이 보잘것없는 사람이 어찌 짐작할 수 있겠냐마는 친정 식구들이 다 교회에 나와도 큰 오라버니만큼은 쉽지 않을 것으로 생각하고 있었다. 내 의식 속에 큰 오라버니는 늘 술에 절어서 사는 분이었다. 그런 큰 오라버니를 동네 사람들은 '무골호인'이라 했다. 술 한 잔 마시고 나면 급할 것도, 세상 부러울 것도 없고, 누구에게도 해코지 한 번 하지 않는 사람이니 만나는 사람마다 형님이고 아우님이다. 그런 사람을 누가 나쁘다고 하였겠는가?

그렇게 무심한 큰 오라버니와 사느라고 큰 올케언니는 삶이 늘 고단했었다.

큰 올케언니는 오라버니만 여섯인 집에서 고명딸로 태어났다. 사돈

댁에선 금지옥엽이었을 게다. 올케언니는 참 훌륭하신 아버지 밑에서 자란 듯하다. 사실 그 당시 나는 나이가 어렸기 때문에 사돈댁의 사정을 명확히 알지는 못한다. 그래도 사돈 어르신을 훌륭한 분이라고 말할 수 있는 것은, 오며 가며 띄엄띄엄 이나마 어른들이 하시는 말씀을 주워들은 것이 있기 때문이다.

사돈 어르신, 그러니까 큰 올케언니의 아버지께서는 무병을 앓고 계셨단다. 접신을 하여 내림굿을 한 강신무는 그때나 지금이나 돈 걱정 안 하고 살 수 있는, 어찌 보면 그 계통에서는 선택된 사람이다. 사회의 통념상 그 일을 천한 것으로 여긴다는 점만 극복한다면 눈 질끈 감고 돈벌이 수단으로 이용해도 되는 것이지만, 그 어른은 그걸 단호히 물리치셨단다. 자식들에게 누가 될까 봐 쉬쉬하면서 무병을 앓으셨던 것이다. 무병으로 당신의 몸이 평생 괴롭힘을 당했고, 그로 말미암아 끝내 실명까지 하셨는데도 끝까지 완강히 거부하셨다고 한다. 돈벌이에 눈이 어두워 무당 따라다니며 배워서라도 기어코 세습무가 되려고 나서는 사람이 얼마든지 있는 세상에, 사돈 어르신은 지극하신 자녀 사랑 아니신가?

나는 구약 성경 말씀 중에 구원 예정론에 회의를 갖고 있었던 사람이다. 신약 성경 말씀에 예수님께서 친히 말씀하시기를 천국은 침노하는 자의 것이라고 말씀하셨는데, 구원 예정론은 그 말씀과 부딪치는 말씀이라고 생각했기 때문이다.

구원 예정론으로 본다면 택한 백성, 즉 하나님이 구원하시기로 작정한 사람만 구원을 받는다는 것인데, 그렇다면 내가 구원받겠다고 애쓰고 힘쓸 필요도 없다는 것이 된다. 다만 추이를 기다리고 있으면 된다는 말인가?

그랬었는데, 사돈 어르신의 경우를 살펴보면서 택하신 백성은 언제 어떤 경로로든지 결국 예수 안에 들어오게 된다는 것을 생각하게 되었다. 친정아버지를 평생 괴롭힌 무병에 맞서서 올케언니는 예수를 영접했다. 그리하여 도저히 예수 믿을 것 같지 않던 큰 오라버니 같은 사람도 교회로 인도하였으니 그것이 어쩌면 구원 예정자의 한 형태 아닐까 하는 생각이 들었다.

큰 올케가 처음에 누구의 전도로 교회에 나오기 시작했는지는 들은 바가 없어서 증언할 수 없다. 다만 드러난 결과를 가지고 말하면 지금 큰 오라버니네 식구들은 조카들까지 모두 기독교 신앙 안에서 산다.

큰 올케언니를 떠올릴 때면 아무 가공도 거치지 않은 광목천 같은 사람이라는 생각이 든다. 아담한 체구의 올케가 어째서 투박한 광목천의 이미지로 떠오르는지는 참 알 수 없으나, 비교적 표정에 감정 변화가 잘 드러나지 않아서 그런 생각이 드는 건지도 모르겠다. 그도 그럴 것이 여덟 식구 대가족의 살림이니 어느 한순간도 한가한 시간이라곤 없었을 터인데, 무슨 여유로 감정 놀음씩이나 할 수 있었겠나?

나는 오히려 올케언니가 실크처럼 매끄러운 사람이 아니어서 더 좋았다. 광목천은 부담 없이 뒹굴어도 언제나 부숭부숭하지 않던가? 겉으론 매끄럽지만 속이 교활한 사람은 싫다. 보기엔 서 푼어치도 못돼 보이는데, 수돗물 좀 먹었다고 촌사람을 자기 코 아래로 여기는 사람은 더더욱 싫다. 우리 큰 올케언니는 순박하고 안과 밖이 똑같은 광목천 같은 사람이다.

어렸을 때 올케언니가 나를 부르는 호칭은 쪼끄만 아가씨였다. 하루 종일 집안일에서 헤어나지 못했던 큰 올케언니에게 나는 심부름시키기에 만만한 상대였다.

"쪼끄만 아가씨! 가게 가서 콩나물 사와."

"쪼끄만 아가씨! 가게 가서 두부 사와."

"쪼끄만 아가씨! 가게 가서 숯 사와."

올케언니가 바쁘면 나도 덩달아 바빠졌었다. 시골 마을에 가게라고는 안말(안마을), 뒷말, 새말 통틀어서 하나밖에 없었는데, 그 조그만 구멍가게는 산모퉁이 하나를 돌아가야 있었다. 그러니 올케언니는 누군가 심부름해줄 사람이 꼭 필요했던 것이고, 그것이 제일 막내인 내 차지가 되었던 것이다.

한참 신 나게 놀고 있는데 "쪼끄만 아가씨!" 그 소리는 내가 제일 싫어하는 맥 빠지게 하는 소리였다. 그 소리가 들리면 그만 쥐구멍으로라도 숨어 버리고 싶었다. 두부나 콩나물 심부름은 그래도 할 만했다. 그런데 숯 심부름은 정말 하기 싫었다. 두부, 콩나물은 사다 주는 것으로 내 임무는 끝나지만 숯은 후속 심부름이 따르는 까닭이다.

전기가 아주아주 늦게 들어온 우리 마을은 다림질을 숯을 피워서 했는데, 동그란 조선 다리미에 숯을 넣어 달구어지면 쪼끄만 아가씨는 다림질할 빨래의 한 쪽을 잡아주어야만 했다. 풀 먹인 삼베옷이나 모시옷은 팽팽해지도록 잡아주어야 구김을 펴고 올이 반듯반듯하게 펴지므로 그 일은 도저히 혼자서는 할 수가 없었다.

"싫어! 왜 맨날 맨날 나만 시켜!"

나도 만만찮게 투박스런 광목이었다. 볼멘소리를 내지르긴 했어도 결국은 심부름을 해주었다. 어렸을 때 별명이 순둥이였던 만큼 끝까지 야멸차지도 못했다. 그러면서 큰 올케에게 정들어 갔고, 그 손이 지어준 밥을 먹고 나는 자랐다. 아홉 살 때 큰 올케가 우리 집으로 시집왔던 것이므로.

큰 올케언니가 돌아가셨을 때 엄마를 잃는 것만큼이나 가슴 아팠다. 지금 올케언니라고 쓰고 있지만 그때 내가 큰 올케언니를 부르던 호칭은 '성'이었다. 촌스럽지만 구수한 정이 느껴지는 '성!'. 나에게는 사촌 올케까지 합치면 꽤 여러 명의 올케가 있지만 성이라고 부르는 사람은 큰 올케 한 사람뿐이다. 성이라는 호칭은 아무에게나 부를 수 있는 호칭이 아니다. 큰 올케처럼 나와 아무런 이물 없이 지낼 수 있는 수더분한 사람만이 그 호칭으로 부르기에 합당하다.

어렸을 때 나는 바보스러우리만치 순한 아이였다. 뭐랄까, 이해타산에 밝지 않은 어리석음이랄까, 뭐 그쯤이었을 것이다. 지금 어린 날의 그 순둥이가 그립다. 가엾은 걸 보면 눈물 글썽이던 순둥이. 동무들과 다툼이 벌어지면 슬그머니 한발 비켜설 줄 알았던 순둥이. 풀밭에 작은 곤충들과도 친구 되어 놀던 맑디맑던 순둥이가 그리워서 다시 돌아가고만 싶다.

나는 순둥이를 사랑한다. 주께서 나를 어머니의 모태 안에서 지으실 때 심령이 가난한 자로 지으셔서 아무에게도 상처 주지 않고 순하게 자라나게 하신 것을 지금 주께 감사드린다. 남편과 사별 후 조금씩 이악스러워지는 내 모습에 문득문득 진저리가 처진다.

에덴동산의 원조 아담 이후, 이 세상 모든 아담(남편)들은 하와(아내)의 말을 듣게 되어있다. 수없는 밤을 함께 보내면서 아담이 가장 노골노골해진 기회를 재빨리 포착하는 것인데, 그것이 곧 베갯머리송사인 것이다.

원조 하와는 나쁜 꾐으로 베갯머리송사를 하여 후손들을 원죄 아래 놓이게 하였지만, 오늘날의 후배 하와들은 베갯머리송사를 통해서 남편을 영생의 길로도, 멸망의 길로도 인도할 수 있으니 좋은 아내감 고르는 안목도 머리 싸매고 연구해야 할 과제 아닌지 모르겠다.

해와 달이 지켜 주는 민족의 성지, 동작동 국립묘지에 큰 오라버니 내외분이 잠들어 계신다. 두 분 영정사진 밑에 관등 성명, 참전 상이 용사, 일등 중사 박용일. 그분이 내 큰 오라버니시다. 6·25 때 참전 용사로 한쪽 팔을 내어주시고 받은 영예다.

장례식 날 동작동 국립묘지에서 참 감격에 겨웠다. 군악대의 은은한 진혼곡 속에 예총이 쏘아 올려지고 죽어서도 조국을 지키시는 큰 오라버니가 처음으로 어깨 으쓱하게 자랑스러웠다. 관 뚜껑 덮고 나서야 사람의 진면목을 알 수 있다고 하신 옛 어른들의 말씀이 지당하고 지당하신 말씀으로 가슴에 와 닿는다. 오랜만에 만나신 두 분, 지금 얼마나 알콩달콩 깨가 쏟아지실까!

국립 현충원

해와 달이 지켜 주는
민족의 성지
이 나라의 역대 대통령들 이웃사촌으로 두고
큰 오라버니 그곳에 잠드셨다

바람조차 가던 길 멈추고 목례 보내는
진혼곡 은은한 메아리 속에
올케언니 낭군 덕에 흐뭇하겠다

한 세상 고달팠던 무공 훈장
돈도, 쌀도, 못 되는 쇳조각이
이제야 오라버니 팔 노릇한다

조건 없이 내어준 총구멍 난 팔 하나
낭자하게 쏟으신 호국의 피
돌아보면 아득한 세월이었다

해와 달이 지켜 주는
민족의 성지
큰 오라버니 자손들 자긍심 속에

영원히, 영원히

살아 숨쉬리

글로 그리는 얼굴

피 내림

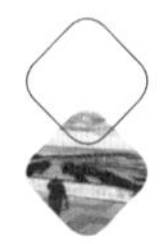

그윽한 한가위 달이 두둥실 떠올랐다. 오늘의 가배절은 하늘 인심도 좋아 보름달 감상하기가 이태백이 부럽지 않다. 옥상에 남편이 짜놓은 평상에 누워 접시 같은 달을 바라본다. 달의 크기는 보는 사람의 기분에 따라 크게도 작게도 보인다는데, 어렸을 때 내 눈에 보이던 달은 쟁반보다 훨씬 큰 맷방석만큼이나 커 보였는데, 오늘 보이는 달은 꼭 어제 송편을 담았던 접시만 하게 보인다. 내 기분이 편협해졌음인가? 어찌 됐든 얼마 만에 올려다보는 하늘인가? 구름만 끼지 않는다면 저 달은 며칠간 감상할 수 있으리라.

보편적으로 한가위를, 오늘날엔 추석 명절로만 인식하기에 이르렀지만, 한가위란 음력 팔월의 한가운데 또는 가을의 한가운데를 뜻하는 말이고 보면, 꼭 팔월 십오 일만을 한가위로 생각할 필요는 없을 듯하다. 다시 말하면 한가위는 단 하루로만 국한되어서는 안 되는, 적어도 이삼일 혹은 사오일 정도를 가위(가운데)로 보아야 하지 않겠나 하는 게 내 생각이다.

오늘은 우리 민족이 명절로 쇠는 추석 다음 날이다. 달의 움직임에 따라서 음력 날짜와 24절기가 정해진 이상 달이 가장 동그란 날은 보름날이 아니고, 그 다음 날, 즉 열엿새 날 뜨는 달이 조금도 이지러짐 없이 가장 동그랗고 밝기도 최고라고 한다.(물론 구름이 끼지 않음을 전제로 하고)

천문학자가 아닌 이상 그걸 대조해보려는 일반인은 없을 터이고, 대조는커녕 밤하늘을 올려다보는 사람조차 드물 터이니 그 사실을 가지고 왈가왈부할 필요는 없을 듯하다.

추석을 쇠느라고 며칠 동안 종종걸음을 쳤다. 오늘에야 그 번거로움이 썰물처럼 빠져나갔으므로 비로소 달을 올려다보는 여유를 가지게 되었다. 올 한가위는 다행히도 구름이 많지 않아 초가을 밤하늘이 우물처럼 깊다. 휘영청 떠오른 달에 내 마음을 띄워본다. 욕심 같아서는 이런 날은 잠시만이라도 지상의 전깃불은 모두 소등했으면 좋겠다. 지상의 인위적인 빛이 천상의 위대한 빛을 깎아 먹기 때문이다.

오늘날 인간 세상은 온갖 빛으로 둘러싸여 살아간다. 토머스 에디슨이 전구를 발명하기 전에는 지상의 밤을 밝히는 도구는 (우리나라의 경우) 기름 등잔이었다. 간혹 촛불이나 남폿불을 켜기도 했지만, 그것은 집안의 행사가 있는 날이나 띄엄띄엄 있는 일이고, 일반적으로 평상시에는 등잔불이 고작이었다. 등잔불은 어둠을 모두 몰아내기에는 그 빛이 너무나 미약했으므로 방 한 칸을 밝히기에도 부족했다. 아랫목에 앉아서 윗목에 앉은 사람 얼굴 표정까지 살피기엔 어려운 정도였으니 말이다.

그렇게 완벽하게 땅이 어둠으로 침잠된 후에, 달빛은 홀로 청정했으므로 그 빛의 위대함은 인간이 흉내 낼 수 없는 빛의 영광이었다. '형설지공'이란 말도 있긴 하지만 반딧불이가 떼로 몰려 온다 한들 어디 달빛에 견줄 수 있겠는가? 그런 달빛이 고마워 선조들은 그 광명에 기대어 사군자를 쳤고, 시를 지었다.

그때 비추던 달빛이나 지금의 저 달빛이나 달의 입장에서 보면 변함없는 것인데, 어쭙잖은 인간이 만들어 낸 빛이, 신이 만드신 위대한 빛을 깎아 먹어서 달은 예전의 그 빛을 잃었다. 문명의 이기가 인류에 공헌한 바를 폄하할 생각은 없다. 그러나 한가위만큼은 잠깐이나마 지상의 전깃불을 모두 소등하고 신이 주신 빛을 감상하는 여유를 가져봤으면 한다.

물질이 풍요로워진 요즘은 마음만 먹으면 명절에나 맛볼 수 있었던 음식을 사시사철 만들어 먹을 수 있다. 맞벌이 주부들의 수요에 따른 반찬가게도 골목마다 늘어서 있어서 주문만 하면 궁중음식까지도 사 먹을 수 있는 세상이 되었다. 그러니 요즘의 명절은 먹는 것보다는 휴가의 개념이 더 크고, 떨어져 살던 가족이 한자리에 모일 수 있다는 점에 의미를 두는 것이 더 타당할 것 같다.

우리 집은 식구가 많은 편도 아니건만 남편이 다른 세상으로 떠나버린 후 맞는 명절은 남편의 빈자리를 새삼스럽게 확인시켜주는 허전하고 쓸쓸한 날에 불과하다. 모든 이름 있는 날들의 참된 의미는 함께 누릴 수 있는 사람과 함께해야 기쁨도 증폭되는 것일 텐데…….

남편 생전에 큰댁에 가면 흩어져 살던 칠 남매가 모두 한자리에 모여 왁자지껄하기가 지붕을 들썩거릴 정도였다. 음식 만드는 일도, 먹는 일도, 먹고 치우는 일도, 노상 잔칫집이었다. 그때는 무슨 무슨 이름 붙은 날이 돌아오는 게 하나도 즐겁지 않고 부담스럽기만 했다. 그러나 그런 시절도 잠깐 사이에 지나가 버리고 내가 집안에서 제일 웃어른이 되어버렸다. 이제는 둘러앉아 시끌벅적 떠들어 댈 사람들이 모두 떠나버려서 설날이 되어도, 추석이 되어도 집안은 조용하기만 하다. 직계 식구만 모여 명절을 쇠고 있으니 한가롭기 그지없다.

올 추석날도 우리 식구만 단출하게 모여 밥상을 물리고 나니 시간이 넉넉하여 오랜만에 사진첩을 꺼내 놓고 하나하나 찬찬히 들여다보았다. 나는 무슨 물건이든 잘 간수해두는 버릇이 있어서 오래된 사진첩도 꽤 많이 있다. 사진첩들을 함께 들여다보던 딸아이가 아주 오래된 사진 한 장을 골라냈다. 유아기 때 찍은 나의 사진인데 다섯 살 무렵인 것 같다. 너무 오래되어서 사진 색은 노랗게 변했고, 심하게 구겨져 있어서 인물의 윤곽도 또렷하지 않으며, 사진 규격도 명함판보다 작은 것이다. 그 사진 속에는 젊은 우리 엄마가 고만고만한 딸만 넷을 쪼로록 앞에 세우고 차렷 자세로 찍혀있다.

그 사진을 설명하자면 6·25 직후로 돌아가야 한다. 당시 카메라는 한 동네에 한 집도 있을까 말까 할 정도로 귀한 물건이었다. 당시 미군부대에 다니던 친척이 한동네에 살고 있어서 그 사진을 찍어주었다.

나의 유아기 때 사진은 그것 한 장이 유일한 것인데, 내가 결혼할 당시에 어머니 옷장 서랍에서 여러 잡동사니에 뒤섞여 뒹굴고 있던 것을 챙겨 온 것이다. 그때 내가 챙겨오지 않았더라면 그 사진은 필시 없어져 버렸을 것이다.

친정집에는 그것 말고도 오래된 사진이 많이 있었더랬다. 대부분 구한말 때 찍은 사진으로 아버지의 형제들과 할아버지 할머니의 사진들이었다. 그 사진들은 액자 속에 담겨 벽에 높이 걸려있었으므로 내가 상관할 것들은 아니었지만, 시집온 얼마 뒤에 친정에 가보니 이사할 때 일부러 버렸는지는 모르겠으나 그 사진들이 하나도 눈에 띄지 않았다.

나의 본적지는 서울의 무교동이다. 아버지는 무교동에서 나고 자라셨으며 어머니와 혼인하여 솔가하시기까지 그곳에 사셨다. 오라버니 두 분도 서울 미동국민학교를 다니셨다. 우리 집은 서울 토박이면서 사대문 안에 줄곧 살았다고 한다. 예전에 한옥 대청마루에는 미닫이 방문 문틀 위로 유행처럼 주욱 사진 액자들을 걸어놓고 살았다. 거기에 전시된 사진들만 가지고도 그 집안 내력을 훤히 꿸 수 있을 만큼 사진들은 적나라했다.

어릴 때 우리 집 대청마루에도 벽면이 좁다 하고 사진틀이 빼곡했었다. 그 사진들이 찍힐 당시는 구한말 때였으며, 아버지의 집은 무교동에서 행세깨나 하던 집안이었으므로 그 사진들이 탄생했을 것이다. 사진은 무교동 본가의 내력이 한눈에 들어올 정도로 가득했는데,

할아버지가 돌아가셨을 때의 장례식 사진은 가히 압권이었다. 호화스럽게 꾸민 상여며 상여 뒤를 따르는 상제와 호곡 행렬이 긴 꼬리를 이었는데, 마치 무슨 생중계를 하듯 파노라마 기법으로 찍은 사진에는 그 행렬의 전경이 찍혀있었다. 그 기다란 사진을 처음 보는 사람은 사진 설명을 해달라고 했다. 어머니는 그 사진을 설명하실 때마다 끔찍해 하셨다. 닷새 밤낮을 초상을 치르느라고 잠을 못 주무셔서 혼이 나셨다고 한다. 젊은 며느리 입장에서 호랑이 같은 시어머니가 무서워 졸지도 못하셨을 테니 얼마나 고생이 막심하시었겠나?

화무십일홍이라 했던가? 세상사는 돌고 도는 것. 전쟁의 참화 속에서 옛날의 영화는 한여름 밤의 꿈이 되고 나의 유년시절은 고달프기만 하였다. 그렇게 어렵게 만들어진 유년의 사진은 딱 그것 하나뿐인데, 그 사진 속에서 딸아이는 지금 나의 손자 얼굴은 본 것이다. 우리는 서둘러 손자의 같은 나이 때 찍은 사진과 대조해보았다.

나의 유아기 때 얼굴과 손자의 얼굴이 판박이로 겹쳐졌다. 우리는 "어머! 어머! 어머! 어머!"를 연발하면서 넋 놓고 사진에 빠져들었다. 때마침 외국에 나가 있는 손자 녀석이 추석날이라고 인사차 전화를 했는데, 다 함께 화상 통화로 한참이나 대화를 나누다가 사진 얘기를 했더니 녀석은 하나 놀라지도 신기해하지도 않고 담담히 이러는 거였다.

"그 피가 어디 가겠어요? 내가 할머니 손자인데."

듣고 보니 맞는 말인데, 왜 우리는 그렇게 신기해했을까? 아이만도 못하게 시리. 어쩌면 그토록 신기해한 것은 닮았다는 사실보다 70년 가까운 세월을 뛰어넘는 유전자의 힘을 보았기 때문인지도 모른다.

피 내림은 무섭고 끈끈한 것이다. 콩 심은 데 콩 난다는 말, 그 엄연한 사실을 우리는 왜 잊고 사는 것일까? 아무리 감추고 숨기려고 해도 유전자는 그렇게 간단히 숨겨지는 게 아니라는 사실 앞에 잠시 숙연해졌다.

우스갯소리로 듣던 말이 생각난다. 혀 짧은 아버지가 한문을 배우는데 혀가 짧아서 '바람'발음이 잘 안 되었다. '바람 풍'해야 하는데 번번이 '바담 풍'했다. 부모를 보고 배우는 어린 자식들 역시 '바담 풍' 할 수밖에. 그러나 그것이 틀린 발음이라는 것을 아는 부모는 자식들에게 "나는 할 수 없어서 '바담 풍' 하지마는 너희들은 '바담 풍'으로 발음해라" 일렀으나 그걸 보고 자란 자식들도 여전히 '바담 풍'이라고밖에 할 수 없었다는 웃지 못할 얘기를 다시 생각나게 하였다. 이제는 개천에서 용이 나는 시대는 지났다는데, 나도 자식, 손자에게 '바담 풍'을 물려준 건 아닌지 생각해보게 된다.

우리 집 대청마루에 걸려 있던 할아버지 할머니의 사진은 없어졌지만, 내 몸 어딘가에 조부모의 모습도 살아있을 터인데, 조부모님은 나에게 '바람 풍'을 물려주셨을까, 아니면 '바담 풍'을 물려주셨을까?

중양절(重陽節)

나이 든 사람들이 느끼는 세월 빠름에 붙이는 수식어는 더 이상의 새로운 표현을 찾아내기는 어려울 것이다. 어떤 사람은 흐르는 물과 같다, 어떤 이는 쏜살같다, 또 어떤 이는 눈 깜빡할 사이라고 말하는 등 표현도 가지가지지만, 나이가 많으면 많을수록 수식어에도 가속이 붙는다.

50대 정도의 비교적 젊은 사람들은 세월이 흐르는 물과 같다고 할 것이다. 60대가 되면 세월이 쏜살같다고 좀 더 급한 표현을 쓴다. 70대가 넘어가 버리면 이제 더 이상의 빠른 수식어는 찾아낼 수 없는, 눈 깜빡할 사이에 흘러갔다고 세월을 회상한다.

나도 어느덧 눈 깜박할 만큼의 세월로 들어섰다. 세월이 참 무상하다. 그래도 세상 이치가 그러하니 어쩔 수 없는 일이라고 체념하고 살지만, 오늘같이 특별한 상황에 부딪히는 날은 다시 한 번 새삼스럽게 세월의 무상함을 절감하게 된다.

오늘은 음력으로 제비가 강남으로 돌아간다는 중양절(重陽節)이다. 작년 딱 오늘, 큰 오라버니가 저세상으로 떠나셨다. 6·25 참전 용사로 임하시는 전투마다 혁혁한 공을 세워 무공 훈장도 여러 개 받으신 큰 오라버니가, 그 고단한 여든일곱 평생을 훌훌 벗어던지고 영원한 안식처로 가신 날이 바로 중양절(重陽節)이다. 제비가 따뜻한 남쪽 나라로 떠나는 날, 제비와 길동무해서 큰 오라버니도 따뜻한 하나님 품으로 돌아가셨다.

작년에 있었던 일인데도 나는 꼭 어제만 같다. 우리 육 남매는 모두 나이가 가득 차서 줄줄이 큰 오라버니 뒤를 따라갈 것이다. 이루어 놓은 것도, 내세울 거리도 없이 세상을 떠난다고 생각하니 마음이 무겁다.

큰 오라버니가 누워계신 서울 동작동 국립 현충원은, 이 나라를 국란에서 건져내신 호국 영령들이 나라의 평화만을 바라며 불꽃 같은 영령으로 누워계시는 곳이다. 큰 오라버니도 풍전등화의 이 나라를 건져내신 자랑스러운 분이다. 큰 오라버니가 대한민국 국민으로 이 땅에 오셔서 국민으로서의 할 바를 다 하셨고 커다란 족적을 남기셨으니 우리 가문에서는 더 할 수 없는 자랑이요 자긍심이다.

국립 현충원은 민족의 성지로서 이 나라의 백성들은 마땅히 경의로서 온갖 예를 갖추어야 하는 곳으로, 성역답게 자연까지도 아름답게 제 할 일을 한다. 깊어가는 가을, 색색이 옷을 갈아입은 나무들도 그곳에서는 엄숙하다.

오늘은 우리 가족들이 현충원에 모여서 큰 오라버니를 기리고 1주기 추도예배를 드렸다. 장조카, 그러니까 큰 오라버니의 장남 내외가 정성껏 마련한 예배 준비와 추도식에 참석한 모든 가족의 하나 된 정성과 간곡한 마음을 하나님과 큰 오라버니 내외분께(큰 오라버니 내외는 합장해 계신다) 올렸다.

지금은 하늘에서 이 땅 피붙이들의 평안을 빌고 계실 큰 오라버니! 가족 모두는 큰 오라버니가 자랑스럽고 그립습니다.

큰오빠! 그리고 큰 올케!

이제는 여기 걱정일랑 하지 말고 그곳에서 어머니 아버지 모시고 행복하게 안녕히 계세요!

2018년 10월 17일

막냇동생 박용문 배상

죽음보다 곤한 잠

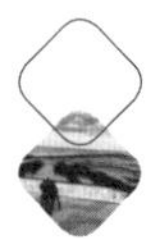

겨울 동안 곤한 잠을 자던 나무들이 재충전을 마치고 이제 깨어나려나 보다. 아직은 바람이 찬데 산과 들에 조금씩 푸른 혈색이 돈다. 깨어남을 전제로 한 잠은 아름답다. 재충전을 통하여 한 걸음 발전하기 때문이다.

사노라면 정말 피하고 싶은 고통스러운 일과 맞닥뜨릴 때가 있다. 그럴 땐 동면하는 동식물처럼 잠을 잤다가 고통의 문제가 지나간 다음에 깨어났으면 좋겠다는 생각을 한 적이 있다. 깨어나지 못하는 잠은 곧 죽음을 뜻하는 것이니 그건 좀 망설여진다. 수술을 요구하는 질병에 걸렸거나 건강 검진받을 때 어쩌다 마취를 하게 되어도 잠깐씩 불안하다. 마취에서 깨어나지 못하고 영원히 잠들어버리는 의료 사고가 심심찮게 발생하는 터이니 의심 많은 사람일수록 현대 의학을 일백 퍼센트 믿어도 될지 갈등하는 것이다.

그러나 여전히 잠은 의학도 발전시킨다. 정자 은행에서는 불임이나 난임 가정을 위한 미래의 아이들이 지금 이 순간에도 동면하는 중이고, 아직 정복되지 않은 불치병으로 시한부 생명을 선고받은 환자들도 실험적이나마 급냉동 동면에 들어갔다는 얘기를 판타지 영화를 본 것 같은 기억으로 남아있다. 현재는 불치병이지만 생명과학 연구실의 불이 꺼지지 않는 이상 언젠가는 정복할 것임으로, 그 후에 잠에서 깨어나자는 계산이다. 그러나 그것도 어차피 이판사판인 사람이나 모험을 할 일이지 과연 그런 날이 올 것인지가 미지수이다 보니 역시 불안하긴 마찬가지다.

그러나 수백 년 수천 년을 이어져 온 동식물들의 동면은 이미 검증이 끝난 것이니 얼마나 안심하고 달콤한 잠속으로 빠져들게 될 것인가?

나는 꽃가게에서 화분을 살 때 월동이 되는 품종인지를 반드시 확인하고 구매한다. 우리나라가 원산지인 꽃들은 월동을 하지만, 요즘은 개량종이거나 열대 나라에서 들여온 화초들이 의외로 많기 때문에 외양만 보고 샀다가는 번번이 죽이게 된다. 월동이 된다고 해서 산 꽃인데도 한 해 겨울을 지나고 나면 시름시름 앓다가 끝내는 죽어버린 경우도 여러 번이다.

꽃을 사는 이유는 성묘가는 때뿐이니 바깥 추위에서도 견뎌내야 하는 강인한 것이어야 하는데, 대부분 그렇지가 못했다. 재작년 추석에 사다가 심은 국화는 분명히 월동이 된다고 확인받고 심은 것이었는데도 겨우 두 해를 버티고는 죽어서 자취도 없이 사라져버렸다.

산이나 들에 피어난 들국화는 돌보는 이 없어도 해마다 그 자리에 굳건하게 버티고 서서 가을이면 고아한 향기 흩날리며 가을의 주인공 자리를 지키는데, 화원에서 사온 국화는 너무 과잉보호를 받아서 그런가, 아니면 봄부터 들어야 할 소쩍새 울음소리를 못 들어서 그런가, 그도 아니면 먹구름 속에서 울어대는 천둥소리를 못 들어서인가? 소쩍새 소리야 도회지, 그것도 온실 속에서는 어림없는 소리겠지만, 먹구름 속의 천둥은 도시, 농촌을 가리지 않으니 어디서고 들었을 법도 한데, 서정주 시인이 노래한 그의 누님 같은 국화는 필경 우리나라 들국화인 모양이다.

모든 생명이 있는 물체는 태어난 이상 살아야 할 의무가 있다. 창조주께서 각 생명체에게 부여한 사명을 완수하기까지 부단히 노력하고 극복해가면서 삶을 살아내야만 한다. 쓰레기통을 뒤져가면서 유기견들도 살아가고, 길고양이도 살아가는 것이며, 뭇 발길에 짓밟혀 가면서 길가에 민들레도 살아가는 것이다. 그 모두에게 어떡하던지 살아남아야 한다는 본능을 만물을 창조하신 신께서 주신 것이다. 스스로 영원히 깨지 않을 잠을 자초하는 것은 신의 뜻을 역행하는 것이고, 신의 뜻에 대한 반항이다.

한동안 유명 연예인들이 유행처럼 영원한 잠속으로 스스로 걸어 들어갔다는 기사를 각종 매스컴을 통해 접하면서 씁쓸하고 허망했다. '오죽했으면 그런 선택을 했을까, 그럴 만큼 힘들었겠지!' 백 번 양보해서 그렇게 이해를 하려 해도 역시 이건 아니지 하는 생각이 더 강하다. 생명의 고귀함이 신분의 높낮이에 있는 것은 아니지만, 그들보다 훨씬 어려운 처지에 있는 사람들도 꾸역꾸역 살아간다. 라면 박스 하나, 신문지 몇 장으로 겨울을 나는 노숙인들, 허리가 기역자로 구부러진 폐지 줍는 노인들, 그들이 아무 고통이 없어서 살고 있는가? 사는 게 깨소금 맛이어서 살고 있는가? 아닐 것이다. 그들은 다만 본능에 충실하고 있을 뿐이다. 가장 기본이 되는 삶의 본능, 그 기본만 충실히 지켜도 세상의 질서는 순풍에 돛이리라.

기본 본능에 충실한 폐지 줍는 노인 한 분을 나는 알고 있다. 그 노인은 자신의 몸뚱이만큼 낡은 리어카를 끌고 하루에 한 번 우리 집 앞에 나타난다. 어떤 날은 리어카가 텅 빈 날도 있고, 어떤 날은 고물을 제법 많이 실어서 끌기가 힘에 부치는지 콧등에 송골송골 땀이 맺힌 날도 있다. 그런 날은 부자라도 된 듯 얼굴이 흡족해 뵌다.

"이만큼 가져가면 얼마나 받으세요?"

헌 옷이나 폐지를 내주면서 물어보았다.

"글쎄, 달아봐야 알겠지만 몇백 원이나 될지. 아무튼 천 원은 안 돼요. 고물 값이 많이 떨어졌어요."

우리 집 차고를 이용하도록 허락해주어서 그런지 나한테는 묻지 않는 말도 곧잘 한다. 고물은 주워서 바로 고물상에 가져가는 것이 아니다. 동네 골목 골목을 돌며 주워담은 폐품은 두서없이 리어카에 실었다가 일이 끝나면 한군데 쏟아 놓고 종류대로 분류한다. 폐지는 폐지대로, 헌 옷은 헌 옷대로. 고물상에서 받아 주는 고물은 모조리 종류대로 분류해서 묶어 놓고 그 다음 날(그 작업이 끝나는 시간이 밤이므로) 아침에 고물상이 문을 열면 싣고 가는 것인데, 그 분류 작업과 하룻밤 보관하는 장소가 우리 집 차고인 것이다.

쓰레기나 다름없는 것을 차고에 쌓아두는 게 달갑지가 않았다. 그 노인에게 피치 못할 사정이라도 생기면 며칠씩 쌓아두는 일도 다반사여서 차를 빼거나 주차할 때 아주 걸리적거렸다. 그래서 그러지 말라고 말렸더니 아저씨 어디 가셨느냐고 남편을 찾았다. 아저씨는 그러라고 하셨다면서.

순간 당혹스러웠다. 남편이 베푼 따뜻한 마음에 찬물을 끼얹는 것 같아서 하는 수 없이 승낙해버렸는데, 이제는 자신의 속사정 얘기도 자주 털어놓는지라 나는 돈이 될 만한 고물은 버리지 않고 모아 두었다가 그 노인에게 준다. 몹시 힘들어 보여서 언제까지 이 일을 하실 작정이냐고 물었더니 움직일 수 있는 한 그 일을 할 것이란다. 힘들어서 일을 안 하고 며칠 쉬어봤더니 밤에 잠도 안 오고, 좀이 쑤셔서 다시 나오고 말았다며, 만약에 한참 동안 자기가 안 나타나면 그때는 정말로 산에서 편히 쉬고 있는 줄 알라고 한다. 그날이 멀지 않았는지 요즘은 꿈에 자꾸 영감님이 보인다고 한다. 3년 전에 돌아가신 영감님 곁으로 가는 것이 자기는 더 좋지만, 생목숨 끊는 건 죄짓는 것이니 살아있는 한 열심히 살겠단다. 누구 하나 거들떠보지도 않을 초라한 겉모습이지만, 외양 멀쩡한 사람보다 올바른 생각이다. 생명의 고귀함에 고하가 없다는 것은 두말할 필요가 없다.

벌써 수년째 죽음보다 곤한 잠을 자고 있는 모 재벌 총수를 생각해본다. 예전 같으면 진작 산에 누웠을 사람을 과학의 힘으로 아직까지 집안에서 재우고 있다는 게 왠지 측은한 생각이 드는 건 또 무슨 얄궂은 심사란 말인가? 맘대로 죽지도 못하는 죽음보다 곤한 잠. 그는 자면서도 아직도 막대한 책임을 걸머지고 있으니 그 잠이 얼마나 고단할 것인가! 깨어남을 전제로 한 잠이기를 빌어본다.

잘 만큼 잤다 싶을 때 잠을 깨우는 건 어머니다. 어머니가 제일 먼저 일어나 정신 차리고 자식들을 깨우는 것, 그것은 인간 사회나 동식물 사회나 마찬가지다. 식물의 어머니는 흙이다. 어머니는 잠자는 동안 꽝꽝 얼었던 자신의 품을 녹여 깨어날 자식들이 기지개 켤 수 있는 공간과 발 뻗을 공간의 흙을 부드럽게 해놓고 남풍을 불러들인다. 이때 한 판 붙자고 덤비는 게 바로 꽃샘바람이다. 해마다 결코 순순히 물러날 생각이 없는 이놈 때문에 그때까지 졸고 있던 나무들은 번쩍 정신이 드는 것인데, 이런 말 함부로 했다간 귀싸대기를 맞아도 '아얏' 소리 한 번을 제대로 못 하겠지만, 구경 중에도 젤로 재미진 구경은 불구경, 싸움 구경 아니던가? 싸우자고 덤비는 꽃샘바람이 휘젓고 간 자리마다 죽음보다 곤한 잠에 빠졌던 만물이 소생하고, 또 한 해의 역사는 시작되는 것이니 깨어남이 전제된 잠을 아름답다 할 수밖에.

폐지 줍는 노인

믿을 것이라곤
네 다리밖에 없다

햇볕도 없는 거리를
거미처럼 기어간다

사방으로 더듬어 가는
기민한 촉수
최후의 보루에 목숨이 달렸다

남보다 먼저 보물찾기
아! 일용할 양식

끌고 가는 노인보다
더 떨리는 보물단지의
어깨가 무겁다

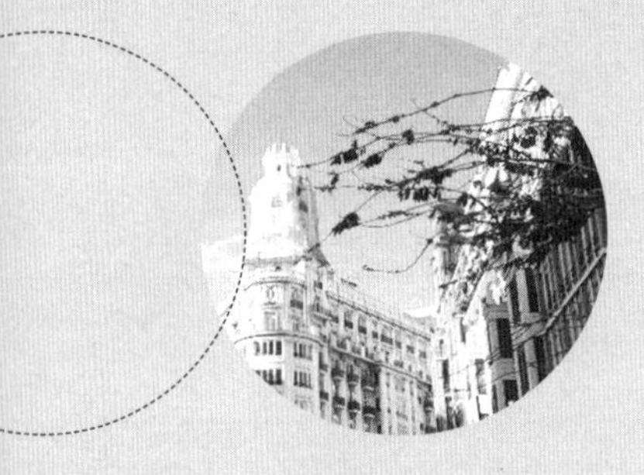

3부

◇

풀밭에 앉아 개울물처럼 흐르다
쉼을 얻는

뚱뚱떼부

모든 사람에게는 동화와 같은 어린 시절이 있기 마련이다. 아니 모든 어린 시절은 그대로가 한 편의 동화다. 그 화자가 어떤 환경에서 살았느냐에 따라서 슬픈 동화일 수도, 웃기는 동화일 수도, 또 엉뚱하고 기상천외한 동화일 수도 있겠다. 그러나 모든 동화는 전문 작가들의 상상력으로 쓰인 픽션이든, 실화든 아름다움이 바탕을 이룬다. 왜냐하면 아직 세상 때가 묻지 않은 순수한 아이들의 삶의 이야기니 그 속에 무슨 악이 숨어 있겠는가? 그러니 산전수전 다 겪으며 평생을 걸어와 인생 종점이 보이는 시점에 서면, 어린 날의 동화가 한 편의 수채화처럼 아름답게 떠오르는 것이다.

지금부터 내 어린 날의 동화를 자식들과 손자의 손자들에게 들려주려고 한다.

막내는 뚱뚱 떼 부

오늘도 막내는 배가 고프다.

어저께도 그저께도 배가 고팠다. 오늘은 더 배가 고프다. 이웃 잔칫집에 음식 만드는 일 도와주러 가신 엄마를 생각하면 뱃속이 다른 날보다 더 요동치면서, 마치 갈고리로 목젖을 잡아당기는 것 같다. 그래도 막내는 엄마가 있는 그 집에 가지 않는다. 아침에 엄마와 단단히 약속했기 때문이다. 엄마는 어린 네 명의 딸들에게 자상하게, 그러나 준엄히 말씀하셨다.

"엄마가 일하러 가는 잔칫집 근처에는 얼씬도 하면 안 된다. 음식상이 벌어진 곳에 청하지도 않은 사람이 군침 삼키면서 서성거리는 것은 칩칩스럽고 꼴사나운 짓이니라. 아무리 배가 고파도 그런 짓은 자존심을 팔아먹는 짓이니 그런 짓을 해서는 못 쓴다. 알겠느냐?"

초롱초롱한 눈망울 여덟 개가 엄마를 바라보며 모두 약속이라도 한 것처럼 고개를 끄덕였다. 딸들의 태도가 믿음직스러워 엄마가 안심하고 집을 나서실 수 있도록 크게 크게 고개를 끄덕였다.

막내는 엄마와 세 명의 언니들과 함께 산다. 막내가 사는 동네는 삼태기 같은 산 밑으로 초가집 여남은 채가 붙어 있는 가난한 시골 마을이다. 막내네 식구는 원래 열 식구였는데, 전쟁 통에 아버지와 맨 위 큰언니, 셋째 오빠를 잃었다. 전쟁은 나라와 마을을 쑥대밭으로 만들었고, 큰오빠와 둘째 오빠도 전쟁터로 끌어냈기 때문에 막내네 집은 졸지에 다섯 식구, 그것도 여자만 남았다. 엄마는 다섯 식구가 굶어 죽지 않게 하려고 어떤 일이든 가리지 않고 하셨다. 딸들은 모두 어렸고, 엄마가 믿을 것이라고는 자신의 몸뚱이 하나뿐이었다.

엄마는 바느질 솜씨 음식 솜씨가 빼어나서 인근에서는 엄마를 따라올 사람이 없었다. 엄마는 행동거지에 각별히 신경 쓰셨다. 자칫 과수댁으로서 남의 입방아에 오르내릴 만한 빌미는 철저히 막아야 했기 때문에 옷차림은 항상 하얀 무명옷이었고, 머리에 두른 수건도 항상 시선이 아래로 가도록 눈을 가리고 있었다. 그처럼 엄마는 참 음전한 분이셨다.

겨울만 빼놓고 엄마의 몸에선 늘 땀 냄새가 났다. 그래도 막내는 엄마 냄새가 좋았다. 엄마는 남자도 하기 어려운 똥지게도 기꺼이 지고 산비탈을 오르셨다. 앞마당 두엄더미에 모아둔 재를 퍼 올려 비탈밭에 감자 건, 참깨 건 골고루 심으셨다. 감자나 참깨나 고추 같은 걸 심을 때는 도토리만 한 딸들의 고사리손도 보탬이 되었다. 힘없는 여자만 살지라도 결코 놀리는 밭은 없었다.

막내나 언니들이나 모두 착한 딸들이었다. 딸들은 어쩌다 자기들끼리 티격태격 말다툼을 하다가도 “너희들 이러면 엄마가 속상하셔!” 하는 큰 언니의 그 말 한마디면 두말없이 하던 짓을 뚝 멈추곤 했다. 큰언니는 동생들을 건사하는데 그 특효약을 잘 써먹었다.

막내의 큰언니는 겨우 아홉 살 때부터 집안 살림을 도왔다. 엄마가 늘 바깥일에 허덕이시므로 그건 어쩔 수 없는 상황이었다. 막내에게 큰언니는 엄마 대신이었다. 엄마가 안 계신 집에서 큰언니는 동생들을 먹이고, 씻기고, 재웠다. 엄마가 장에 나가시면 큰언니는 일찌감치 저녁밥을 지어 아랫목 이불 밑에 묻어 놓고, 화롯불에 된장찌개 뚝배기 얹어 놓고 양손에 동생들을 데리고 엄마가 돌아오실 길을 따라 엄마 마중을 나가곤 했다.

엄마는 인적 끊긴 들판 길을 가로질러 오실 거였다. 겨울은 일찍부터 해가 져서 사방은 칠흑 같은데, 들판 가운데 냇가 옆에는 집이 딱 세 채가 있었다. 사람들은 거기를 세집내라고 불렀다. 딸들이 엄마 마중을 나가서 기다리는 곳은 바로 그 세집내 옆으로 한정돼 있었다. 세집내를 지나쳐서 더 가면 그냥 허허벌판이었는데, 아직 어린 네 자매는 어두운 벌판이 무서웠다. 불빛 하나 없는 벌판 멀리서 저벅저벅 사람 발소리가 들리면 큰언니는 동생들에게 이렇게 말했다.

"언니가 하나, 둘, 셋 하면 엄마~ 하고 큰 소리로 불러. 저기 오는 사람이 만약에 엄마라면 우리 목소리를 금방 알아듣고 대답하실 거야."

밤중에는 소리가 형체보다 먼저 온다. 딸들은 큰언니의 구령에 따라 밤하늘 저쪽에다 대고 "엄마~!"를 수없이 외쳐 불렀다. 엄마가 아니면 발소리는 그냥 멀어져갔다. 그렇게 몇 번인가를 허탕 친 후, 드디어 어둠 저쪽에서 그리운 엄마의 목소리가 딸들을 향해 어둠을 찢었다.

"엄마다!"

딸들은 있는 힘껏 달려서 엄마 품에 안겼다. 아무리 험한 세상이라도 포근하고 아늑한 엄마 품. 그렇게 하룻낮 동안 떨어져 있던 이산가족이 상봉하면 큰언니는 등에 업고 있던 막내를 엄마에게 건네주고, 엄마가 이고 있던 광주리는 언니가 받아 이고 다섯 모녀는 세상에서 제일 행복한 가족의 모습으로 집으로 왔다. 그렇게 늦은 저녁 밥상에 다섯 모녀는 둘러앉아 큰언니가 끓여서 화로에 얹어놓은, 아직도 따뜻한 된장찌개로 세상에서 둘도 없는 만찬을 행복과 함께 먹었다.

어린 딸들 넷을 조로로니 아랫목에 뉘어놓고 엄마는 또 밤늦도록 바느질을 하셨다.

새 옷을 만드시는 것은 설날 때뿐이었고, 거의는 헌 옷을 깁는 일이었는데, 옷이 건 버선이 건 엄마의 손만 거쳐 가면 반듯한 새것처럼 되어 나왔다. 그렇게 바느질에 여념이 없으신 엄마를 막내는 가끔씩 귀찮게 했다.

"엄마, 나 똥 마려워."

얄궂게도 막내는 밤똥을 자주 누었다.

"똥 마려우면 누면 되지 엄마는 왜 불러."

"깜깜해. 무서워!"

"무섭긴 뭐가 무서워 집안인데."

"그래도 무서워! 엄마는 깜깜한 게 안 무서워?"

"그래, 엄마는 그런 건 하나도 안 무섭다."

"그럼 엄만 뭐가 무서운데? 귀신? 도깨비?"

엄마는 측은한 눈길로 막내를 물끄러미 바라보셨다.

"엄마가 무서운 건 귀신도 아니고, 도깨비도 아니고, 굶는 거란다. 너희들 굶기는 거, 그게 엄마는 제일 무섭단다."

그때 막내는 엄마의 말뜻을 잘 알아듣지 못했다. 자는 척하고 누워 있는 큰언니는 알아들었으려나?

큰언니는 가끔씩 동생들에게 맹물을 끓여 먹였다. 엄마가 장사 나가셔서 집에 안 계시던, 유난히 허기졌던 겨울이 있었다. 큰언니가 툇마루 끝에 앉아서 뭔가를 숟가락으로 떠먹고 있었다. 막내는 눈이 번쩍했다.

"언니, 뭐 먹어?"

막내는 벼락같이 큰언니에게 달려들었다.

"여기 앉아있어. 너도 줄게."

언니가 양재기에 숟가락을 꽂아서 막내에게 내밀었다.

"뜨거우니까 후후 불어서 먹어!"

"애개! 맹물?"

"그래, 그거래도 먹어. 맹물이라도 먹으면 안 춥고, 덜 배고파!"

빨랫줄에 앉은 제비 새끼들처럼 양지쪽 툇마루에 쪼로록 걸터앉아 동생들에게 맹물을 끓여 먹이던 아홉 살 큰언니는 그 나이에 어떻게 그리도 어른스러웠을까? 큰언니는 지금도 남에게 뒤처지지 않는 인물이지만, 그때 큰언니는 얼굴이 참 예뻤다. 동네 언니 또래에서는 아마 제일 예뻤을 것이다. 언니는 마음씨도 얼굴만큼 예뻤고, 엄마의 큰딸 노릇도 야무지게 해냈다.

고난은 사람을 일찍 철들게 한다고 했던가? 그 겨울의 지독한 허기는 엄마의 잘못이 아니었다. 적어도 엄마의 게으름 때문에 벌어진 일은 아니라는 것이다. 어떤 천벌이 두렵지 않은 도둑놈이 막내네 다섯 식구 목숨줄 같은 겨울 양식을 몽땅 도둑질해간 때문이었다.

엄마가 여름내 피땀 흘려 거둬들인 곡식을 커다란 독에 부어 광 안에 두었는데, 그 광의 자물통을 교묘히 열고 쌀이며, 잡곡이며, 심지어 고추장까지 몽땅 퍼 담아서 가져가 버렸다. 그 도둑놈은 필시 막내네 집안 사정을 훤히 알고 있는 놈이었을 것이다. 힘없는 여자만 다섯 식구가 산다는 것을 아는 자였으니까 여유만만하게 그 짓을 했을 것이다. 그놈은 도둑질한 현장에다 똥을 자배기로 싸지르고, 담배까지 한 대 피우고 유유히 사라졌다.

그 겨울에 큰언니는 참새 사냥도 곧잘 했다. 참새는 약삭빠르기가 쥐방울이지만, 큰언니의 약삭빠름은 항상 참새보다 한 수 위였다. 고기는커녕 죽 한 그릇도 제대로 못 먹어 누렇게 뜬 딸들은 뭐라도 먹어야 했다. 그래서 큰언니는 참새를 잡을 생각을 했다. 온 천지가 눈으로 하얗게 덮이면 날짐승들도 먹이를 찾아 헤갈을 쳤다. 참새들은 낟알 비슷한 것만 있어도 날아와 쪼아보는 것인데, 언니는 헛간 한쪽에 싸라기가 섞인 쌀겨를 뿌려두고 그 위에 맷방석을 덮고, 맷방석 한쪽을 살짝 들어 올려 막대기로 받쳐 놓았다. 막대기에는 새끼줄을 묶어서 길게 늘여놓고, 그 새끼줄 반대쪽 끝을 잡고 숨어서 지켰다.

빨랫줄이나 지붕 위에 앉아있던 참새는 사람이 없는 틈을 타서 싸라기를 먹으려고 내려앉는 것인데, 큰언니는 숨어서 숨소리도 참고 지켜보고 있다가 참새가 여러 마리 내려와 앉으면 재빨리 새끼줄은 잡아당겨 맷방석 밑에 참새를 가두는 것이다. 이때는 참새의 약삭빠름과 큰언니의 약삭빠름이 한판 승부를 겨루게 된다.

참새들은 약아서 좀처럼 맷방석 안으로 들어서려 하지 않는다. 언니는 동생들에게 이른다. 너무 조용하면 참새가 덫을 의심할 수 있으니 참새가 방심하도록 막 노래를 부르며 노는 척하라고. 동생들은 큰언니가 시키는 대로 한다. 성공할 것인지 실패할 것인지 기다리는 시간은 노래를 부르고 있어도 꽤나 초조하다.

그렇게 얼마의 시간이 지나고 나면,

"잡았다. 얘들아 빨리 와!" 하고 큰언니가 소리를 지른다.

맷방석 밑에 참새는 갇혔지만, 그냥 산 채로 잡으려다가는 십중팔구 놓치고 마니까 동생들에게 맷방석 위에서 뛰라고 이른다. 동생들은 고기를 먹을 욕심에 당연히 언니가 시키는 대로 한다. 언니가 됐다고 할 때까지. 그렇게 해서 딸들은 그 겨울에 참새고기를 여러 번 먹을 수 있었던 것인데, 굶주린 딸들에게 참새고기 한 점은 정말 쇠고기 열 점과 안 바꿀 만큼 맛있는 것이었다.

도토리만 한 딸 넷을 데리고 엄마가 혼자 되신 것은 아래 윗동네가 다 아는 사실이고, 내년 겨울이라고 또 도둑이 들지 말라는 보장도 없었으므로 엄마는 대안을 생각해내셨다.

때는 전쟁 직후라 피난 내려온 떠돌이 가정이 동네마다 있게 마련이었다. 엄마는 피난민 중에 막내네 동네와 인근에서 날품팔이하는 믿을 만한 젊은이에게 요즘 말로 표현하자면 '딜'을 하셨다. 집에 여분의 방이 있으니 방세는 내지 말고 함께 살면서, 대신 날품팔이를 하지 말고 막내네 농사를 거들어 주면 서로 먹고사는 데 도움이 되지 않겠나 하는 의향을 물으셨다. 단, 군대에 나가 있는 두 아들이 돌아올 때까지만 그렇게 한다고 못을 박고서. 그러나 그때도 후방에서나 총성이 멎었을 뿐, 종전이 아닌 휴전 상태였기 때문에 아들들은 언제나 돌아올지 막막한 상태였다. 지리산에는 아직도 빨치산 잔당들이 우글거렸고 군인들의 제대는 무기한으로 연장되던 시기였다.

그 사람으로선 전혀 반대할 이유가 없는 수지맞는 제안이었다. 그렇게 해서 막내네 건넌방에 그 젊은 부부가 들어와 살게 되었는데, 그들에게는 젖먹이 아이가 하나 딸려있었다. 그 아기의 이름이 숙자였다.

숙자 엄마는 얼굴이 넙데데한 수다스러운 여편네였다. 악의라고는 없는 순박한 면이 있어서 그런대로 별문제 없이 지냈다. 숙자 엄마는 순해 빠진 막내를 놀려먹는 재미로 하루를 사는 여편네였다. 비 오는 날이면 숙자 엄마는 아주 신바람이 난다. 막내를 놀려먹을 건수가 하나 더 생기기 때문이다.

비가 많이 내리면 낙숫물이 떨어져 처마 밑에 흙이 많이 패이므로 낙수 물받이로 큰 양철통을 대청마루 앞에 바쳐놓고는 하였다. 물 떨어지는 낙차에 의해서 비 오는 날 양철통은 양철 북이 된다. 그 소리는 일정한 간격으로 통 통 통 통 소리를 낸다. 그런데 숙자 엄마는 그 소리를 자기 나름대로 해석을 해서는 그 소리가 막내를 놀리는 소리라고 하는 것이다.

"막내야, 잘 들어봐라! 저 양철통이 뚱 뚱 떼 부, 뚱 뚱 떼 부, 그러잖니?"

숙자 엄마는 못 먹어서 부황이 든 아이를 잘 먹어서 살찐 아이로 착각하고는 막내를 '뚱떼부'라고 놀렸던 것인데, 엄마가 막내라고 위해 바쳐서 막내만 걷어 먹였다는 것이다. 그러나 그것은 말도 안 되는, 천만의 만만의 콩떡이다. 막내네 엄마는 자식들에게 공평하기가 저울 같으신 분이었다. 장사 나갔다가 돌아오실 때, 밤길에 마중 나온 당신의 언 병아리 같은 새끼들이 가슴 아파서, 없는 돈에 군것질거리를 사시면 항상 부피 많은 강냉이를 사오셨다. 그 강냉이를 나누어 주실 때도, 큰딸이나 막내딸이나 똑같이 나누신다. 막내라고 한 알갱이 더 주시는 일은 절대로 없었다. 막내네 네 자매는 엄마의 공정함을 배우며 자랐으므로 절대로 자기 몫이 아닌 것에 눈 돌리는 법 없이 반듯하게 자라났다.

자식에게 어느 어머니가 훌륭하지 않은 분이 있으랴마는 막내는 생각한다. 내 어머니의 자식으로 태어난 게 얼마나 행운인가를. 부모는 선택해서 태어날 수 있는 것이 아닌 만큼 그 행운은 아주 아슬아슬한 곡예를 거쳐서 막내에게로 왔을 것이다. 가난한 엄마라도 엄마만 계시면 세상 부러울 것이 없었던 그 집의 딸들.

젊어서 고생은 사서도 한다는 말은 하나도 틀림이 없다. 어린 날의 고생으로 딸들의 몸에 근검절약 정신이 배어들게 했고, 세상 허투루 살지 않도록 훌륭한 스승도 되어 주었으니 이보다 더 감사한 행운이 어디에 있겠는가?

이제는 할머니가 되어버린 막내는 어린 날의 그 엄마와 언니들이 그리우면 추억의 강냉이를 찾으러 부리나케 시장 골목길을 더듬어 내려간다.

우리가 잃어버리는 것들

아끼던 선글라스를 잃어버렸다. 착용감이 편하기도 하고, 남편이 사 준 것이라 나름대로 의미도 있던 것인 만큼 아꼈던 것인데, 잃어버리고 나니 며칠 동안 허전하고 속이 상했다.

노인들은 정신이 깜빡깜빡해서 손에서 물건을 내려놓고는 그냥 오기 일쑤여서 자신의 소지품을 곧잘 잃어버리는데, 나에게도 드디어 그 증세가 나타난 것이다. 햇빛이 너무 눈부셔서 착용하고 나갔다가 하도 더워 얼굴에 땀을 닦으려고 벗어서 화장실 세면대에 올려놓고 그냥 와버린 것이다. 지금까지 살아오면서 값비싼 물건이든 값싼 물건이든 내 것이 되면 애착이 남달라서 좀처럼 잃어버리는 일이 없었는데, 이제 나도 물건을 잃어버리는 건망증 세대의 대열에 섰다고 생각하니 뭐라고 표현하기 어려울 만큼 착잡해서 쓰게 웃었다. 작다면 작은 선글라스 하나에 불과하지만, 앞으로는 더 중요한 뭔가를 잃어버리지 않는다고 장담할 수 없으니 두렵기도 하고 허무하기도 하여 한동안 망연히 앉아있었다.

불경에 이르기를 억만 가지 번뇌도 애착심에서부터 비롯된다는 문구가 가슴에 와 닿는다. 선글라스 하나로 비롯된 생각이 이렇듯 가슴을 쓰리게 하다니.

그러나 우리가 잃어버리는 것들이 눈에 보이는 물질인 경우는 사실 아무것도 아닐 수도 있다. 잃어버리면 정말 큰일 날 일들은 사실 눈에 보이지 않는 것들인데도, 우리는 그 사실을 간과하고 산다.

공기(산소)가 없으면 단 하루도 살지 못하는 생명체들이 공기의 고마움을 의식하지 못하고 사는 것과 마찬가지로, 인간의 능력으로 어찌해볼 수 없는 한계성의 경지에 있는 문제들은 차라리 의식하지 않고 사는 이치와 같을 것이다.

잃어버렸으되 의식하지 못하고 사는 것들을 어떻게 여기에 다 열거하리오마는, 그중 대표적으로 한 가지만 예를 든다면 아줌마들의 이름이다. 나를 포함한 우리나라의 여성들은 대부분 결혼과 더불어 자신의 이름을 잃어버리게 된다. (적은 숫자이나마 여기에 해당하지 않는 사람도 있기는 하다.) 보다 정확히 말하자면 첫아이를 낳은 뒤라고 하는 것이 맞는 말일 것이다.

나는 첫아이를 낳은 후 지금까지 내 이름이 불린 적이 거의 없었다. 아무개 엄마에서 아무개 할머니로 변모하였을 뿐이다. 결혼 후 한 동네에서만 40년을 넘게 살았는데도 지금 우리 이웃에서 내 이름을 아는 사람은 한 사람도 없다. 나도 물론 이웃 아주머니들의 이름을 모른다. 예전에는 아무개 엄마이던 것이 지금은 아무개 할머니로 그들의 호칭도 바뀌었을 뿐. 구태여 당사자의 이름을 알지 못해도, 또 알려고 하지 않아도 상대방의 신분이 드러나는 만큼 피차가 이름에는 무관심하게 살았다. 정체성에 기본이 되는 이름을 잃어버리고도 아무렇지도 않게 산다는 것은, 즉 자아를 버리고 누군가의 예속물로 산다는 뜻인데도, 대다수 아줌마가 그 사실을 간과해버린다.

수영장에 다닐 때 내 또래의 아줌마들을 많이 만났다. 수영장 한 라인에서 수영을 배우면서 거의 매일 만나는 아줌마들이고 보면, 어울려서 함께 밥을 먹으러 다니기도 하고, 계절이 바뀌면 함께 여행을 다니기도 할 정도로 가까운 관계를 맺고 살았는데도 우리는 서로의 이름을 거의 모른다. 그냥 아무개 할머니면 다 통했으니까.

이름에는 보통 남성인지 여성인지를 구분할 수 있는 개념으로 나뉜다. 모든 사람이 다 그런 것은 아니지만 대다수가 그러하다. 내 이름은 남자에게 어울리는 이름이라서 나를 모르는 사람이 이름만 가지고 나를 남자로 생각한다. 예쁜 이름, 지성적인 이름을 갖고 싶은 것이 여자들의 로망인데, 내 이름은 예쁘지도, 지적이지도 않은 무뚝뚝한 남자 이름이어서 한때 이름에 많은 불만을 가지고 있었다. 그래서 처음 만나는 사람에게 가명을 말한 적도 많이 있었다.

몇 해 전인가? 텔레비전에서 『내 이름은 김삼순』이라는 드라마를 인기리에 방영한 적이 있었다. 삼순이라는 여자 주인공이 예쁘지 않은 자신의 이름에 한이 맺혀서 좌충우돌하는 코믹 멜로물이었는데, 나는 그때 그 여주인공의 마음을 충분히 이해하고도 남았다.

얼마 전에는 집배원이 나에게 오는 등기우편물을 가지고 온 일이 있었는데, 수령자 사인을 하라면서 나보고 수취인의 안사람이냐고 묻는 것이다. 아니라고, 내가 이 우편물의 주인이라고 하니까 집배원 아저씨는 남자 것인 줄 알았다고 한다. 이런 일은 비단 집배원뿐만이 아니라 이름만 가지고 나를 남자로 알고 있는 경우는 그 밖에도 허다하다.

어쭙잖은 글이나마 글을 쓰니까 여기저기 문예지에 내 글을 싣게 되고, 그 문예지를 읽은 사람이 또 원고 청탁을 하는 경우를 만나게 되는데, 그럴 때도 거의 전화 통화를 해보면 "남자분인 줄 알았는데 여자분이시네요." 한다.

언제였든가 좀 오래된 일이기는 하지만 경기도 지역신문에서 기자가 우리 집을 방문해 인터뷰 요청을 한 일이 있었다. 그때도 내가 그 여기자를 맞이했는데, 또 내 남편을 찾는 것이다. 무슨 일로 내 남편을 찾느냐니까 모 문예지에서 내가 쓴 동화를 읽고 그 동화를 지역신문에 싣고 싶어서 인터뷰하려고 왔다며, 내 이름이 남자 이름이다 보니 남편을 글 쓴 사람으로 착각한 것이었다.

그렇게 이름을 잃고 남편 뒤에, 아이들 뒤에, 이제는 손자 뒤에 서서 살아온 것인데, 뭐 그리 대단한 이름이라고 이제 와서 구태여 이름을 찾을 필요가 있을까마는, 가끔은 나 박용문으로 살고 싶은 생각이 들기도 한다. 끝까지 이름을 잊어버리고 살다가 떠나버리면 내가 이 세상에 왔다가 가는 아무 단서도 의미도 없지 않겠나 하는 생각이 들기 때문이다. 이제부터라도 내 이름으로 된 버킷리스트라도 하나 멋지게 작성하여 한 가지씩 성취하며 살아 보는 것도 나쁘지 않을 듯하다. 그러나 나의 버킷리스트는 이루어지기가 어려운 것들이 대부분이라서 아무래도 그 생각은 접어야 할 것 같다. 왜냐하면 나처럼 이것저것 주변을 돌아보는 사람은 걸리는 게 너무 많아서 대개는 그냥 자기의 생각을 접어버리는 경우가 많으니 말이다.

요즘은 100세 시대라 노인들의 버킷리스트엔 황혼 연애를 한 번 해보는 것도 단단히 한몫을 차지하는 모양이다. 그러니 사랑에 나이가 있냐며 사랑하기 딱 좋은 나이라고 유행가를 만들어서 불러대지 않았는가?

나와는 같은 문학 동아리 회원이었던 C 여사는 진작부터 연애 애호가였다. 나에게도 심심하거들랑 연애를 한 번 해보라고 꼬드겼다. 그 말만 들어도 수치감이 치밀어 올라서 무슨 말도 안 되는 소리냐고 버럭 했더니, C 여사는 그런 게 아니란다. 한 번뿐인 인생을 그렇게 재미없게 허비하지 말란다. 지지리 궁상떨지 말고 즐겁게 사는 것이 잘 사는 것이란다.

글쎄다. 사람마다 생각하는 것과 살아가는 방식이 다른 것이니 내가 C 여사의 생각을 비난할 일은 아닐는지는 모른다. 그렇다고 해도 내 생각은 다르다. C 여사의 말대로 가슴 펄펄 끓는 열애 한 번을 못 해보고 살아온 무미건조한 삶이 내 삶이었다고 해도, 나는 그쪽으로는 아무런 미련이 없다. 정작 내가 못 해봐서 아쉬운 것들은 다른 데 있으니 말이다. 늦었다고 생각하는 때가 가장 빠른 때라는 역설적인 말도 있기는 하다만, 아무리 다시 생각해봐도 내가 정말로 하고 싶은 버킷리스트의 첫 번째와 두 번째는 실현 불가능한 것이 현실이다. 그러니 조금만 노력하면 실현 가능성이 있는 것들로 새 버킷리스트를 작성해보는 것이 타당할 성싶다.

누군가의 아내로 산다는 것, 누군가의 어미로 산다는 것, 이 둘을 제대로 해내려면 나 개인의 소망들은 상당 부분 희생하지 않고서는 사실상 양립하기 어렵다고 본다. 요즘 젊은 아낙네들은 절대로 자기 자신들의 욕망을 양보하려 하지 않기 때문에 가정 파탄이 옛날에 비해 현저히 늘어난 것이 부인할 수 없는 사실이다. 여성이 끝까지 자신의 이름을 포기하지 않겠다고 우긴다면 상당한 부작용을 감수해야 한다. 내 이름을 감추고 남편 뒤에서, 자식들 뒤에서 묵묵히 살아온 어머니들의 공로를 이 사회에서는 높이 평가해주어야 마땅할 것이다.

C 여사의 말대로 이제는 아무의 제재도, 간섭도 받지 않는 홀몸이다. 그렇다고 해서 고삐 풀린 망아지처럼 사는 것은 내 자존심이 용납하지 않는다. 남편이 먼저 다른 세상으로 떠났을망정 여전히 그의 아내이고, 내 자식들의 어미다.

지금부터 내가 생각하는 버킷리스트는 남편이나 자식들에게 불미스런 누를 끼치지 않는, 좀 더 나은 아내, 좀 더 나은 어미가 되어 내 이름이 그들의 후광이 되어 주는 것이다. 내 어머니가 그 음전하신 품행으로 나의 자랑이 되었듯이.

집

지금은 침묵에 들어갈 시간, 겨울입니다. 겨울 안거에 들어간 나무들은 홀가분한 빈 몸으로 깊은 사색에 잠겼습니다. 나무들도 감정이 있다는 것을 '법정 스님'의 에세이집을 통해 알았습니다. 듬직한 산의 품에 안긴 나무들, 그리고 새들은 이 겨울 동안 무슨 생각을 하며 지낼까요. 어쩌면 쉬지 않고 흔들어대는 바람 때문에 생각다운 생각 한 번 못 해보고 겨울을 나게 될지도 모르겠군요. 저의 겨울은 잡다히 생각할 것들이 많아져서 좋지가 않습니다.

혼자 살면서도 여전히 겪어내야 하는 세상사는 똑같아서 힘에 부칠 때가 가끔 있습니다. 혼자 산다는 것은 오로지 육신만 단출해지는 것 그 이상은 아닌 것 같습니다. 어차피 단출해진 이상 버릴 것 버리고 빈 몸으로 서 있는 겨울나무를 닮았으면 좋겠습니다.

병원에 가기 위해 전철을 타고 한강을 건너갑니다. 긴 다리 위에서 바라보면 서울 시민의 젖 줄 따라 끝없이 아파트 단지가 늘어섰습니다.

제 눈엔 꼭 닭장 같이만 보입니다. 흙을 딛지 못하고 사는 사람들은 쓸데없는 생각만 발달하는 건지도 모르겠습니다. 인구는 자꾸 줄어든다는데 어째서 집은 점점 더 많이 필요한 것인지 알 수가 없습니다.

당신이 평생을 바쳐 쓰다듬던 흙 위에도 신도시가 세워졌습니다. 자연의 생명을 키워주던 예전의 그 흙이 그립습니다. 지금은 많은 사람이 시골집을 버리고 그 닭장 앞에 길게 줄을 서 있습니다. 지금 살고 있는 집도 허물어 버리고 뉴타운이라는 닭장을 짓자고 입에 게거품을 문 사람들이 몰려다닙니다.

나는 아파트가 싫습니다. 그러니 “내가 사는 집만큼은 제발 건드리지 말아 주십시오.”라는 탄원서를 적어서 신분증까지 첨가해 관계기관에 접수 시켰습니다. 그러나 이 간절함이 먹혀들어 줄지는 아직 알 수 없습니다. 그래서 마음이 자꾸만 불안합니다.

한 가정에 집 하나는 꼭 필요하다는 것은 나도 알고 있습니다. 예수님께서도 너희의 거할 처소를 예비하러 간다고 하셨습니다. 그건 각 사람에게 하나씩만 준비하신다는 말씀이실 겁니다. 지금 이 땅의 사람들처럼 한 개는 깔고 앉지만, 두세 개는 이고, 지고, 들고 있으라고 하시는 말씀은 절대 아니실 겁니다. 이런 식으로 가다가는 온 천지를 사람만 사는 집, 그것도 콘크리트로만 도배해서 머잖아 나무나 풀, 곤충들이 발붙일 흙이 모두 없어지게 될지도 모르겠습니다.

인생은 이 세상에 잠시 들러 가는 나그네일 뿐인데도, 그 나그네 삶도 강건해야 팔십이라고 성경에 이미 가르쳐주셨는데도, 인간들의 욕심은 한이 없습니다. 욕심의 바벨탑을 높이 높이 쌓는다고 이백 년,

삼백 년 살아질 것도 아닌데 말입니다. 사람들의 생각은 이미 콘크리트처럼 딱딱하게 굳어져 버렸습니다. 이제 사람에게 부드러움을 기대할 수는 없습니다.

당신은 나를 위해 기도해주십시오. 그 바벨탑에 내 이름으로는 벽돌 한 장도 더 얹지 말도록 말입니다. 그리고 또 기도해주십시오. 당신이 이 땅에 두고 간 가족들을 위해서. 당신 가족이 당신과 다시 만나는 날까지 몸과 마음이 건강하게 살아가도록 기도해주십시오.

당신 기쁨의 원천이던 손자, 그 아이를 위해서는 갑절로 기도해주십시오. 그 애는 지금 당신 키보다 조금 더 자라있습니다. 지금은 언어가 다른 곳에서 제 꿈을 키워가는 중입니다. 그 아이의 꿈을 가로막는 거추장스러운 것들을 할 수만 있다면 치워놓아 주십시오. 그 아이를 통해서 당신 이름과 가문이 빛날 수 있도록 지혜와 능력도 구해주십시오. 다행하게도 그 아이는 미련하지 않으며 명민합니다. 생각이 반듯하고 감사할 줄도 압니다. 그 아이의 몸속에 당신의 유전자가 숨쉬고 있어서 좋은 점을 많이 가졌습니다.

두고 간 당신의 집은 내가 잘 지키고 있습니다. 당신의 손때 묻은 그 어느 것 하나라도 지워지거나 없어지지 않고 그대로 보존되어 있습니다.

몇 년 전 지독히도 더운 여름에, 그렇게도 힘들여서 악법 중의 악법인 뉴타운 반대운동을 하고 어렵사리 목표 달성을 이루어 놓았는데, 요즘 또다시 아파트 투기 열풍이 불어와 동네가 들썩이고 있어서 심히 걱정스럽습니다.

이 세상 떠나는 날까지 당신 체취가 묻어 있는 이 집에서 살고 싶습니다. 그러니 당신 기도 제목은 하나 더 늘어난 셈이지요. 사람이 사는 집은 그 안에서 살아가는 사람의 정성과 얼이 깃들어 있어서 쉽게 떠날 수도, 포기할 수도 없게 마련인데, 요즘 사람들은 유행처럼 옷 갈아입듯 집도 갈아입습니다. 사람들의 마음이 정 붙일 필요도 없이 떠돌기 때문일 테지요.

나는 정든 집이 좋아 이 집에서 오래 살았습니다. 이 집을 떠나서는 마음도 차분해지지 않아 숙면하기도 어렵고, 어쩌다 여행을 떠나도 집 생각이 밟혀서 자꾸 뒤돌아보게 됩니다. 이 정도면 나에게 집은 어쩌면 단순한 무생물은 아닌지도 모르겠습니다. 꿈속에도 가끔씩 등장하는 어린 날의 고향 집은 항상 부모님과 함께 떠오릅니다. 어린 몸을 키워 준 고향 집은 상상으로조차 지울 수도, 헐어 낼 수도 없는 것은 나만의 일은 아닐 테지요. 만약에 지금의 이 집도 흙냄새, 사람냄새 물씬 풍기는 고향 집처럼 바꾸어 주겠다고 한다면 어쩌면 흔쾌히 내놓을 수 있을지도 모릅니다.

그러나 여보! 다시 말하지만 누군가가 끊임없이 내 머리 위를 밟고 지나다니는 그런 집은 정말이지 참을 수가 없을 것만 같습니다. 아무 표정도 없는 직육면체 안에 갇혀서, 아무 표정도 없이 생을 마감하기는 정말 싫습니다. 아무리 민주주의가 다수결의 원칙으로 정해지는 것이라고는 하지만, 집에 대해서만큼은 그 원칙을 적용해서는 안 될 일이라 여깁니다. 집은 개인의 사생활이니만큼 우격다짐을 해서도 안 된다고 여깁니다. 참된 민주주의는 개인의 자유로운 의사도 존중되고, 보장받는 것이 마땅합니다.

다수결에 의해서 정든 집에서 강제로 쫓겨난 뉴타운 희생자의 눈물을 보았습니다. 식음을 전폐하고 구호문을 높이 쳐들고 관계기관 앞에 앉아있는, 나와 같은 생각을 하는 사람들을 보면서 치가 떨렸습니다.

사람들에게 나는 말하고 싶습니다. 집을 단순한 무기물로만 보지 말아주십시오. 집은 그 안에 깃든 사람의 얼이 숨 쉬는 공간입니다. 오늘날 집을 재산 증식 수단의 손쉬운 방법으로만 여기기 때문에 거기서 파생되는 사회문제가 빈번하게 발생하는 것은 두말할 필요도 없는 사실입니다.

여보! 기도해주십시오. 아무도 이 집에 깃들어 있는 우리들의 소중한 추억들을 짓밟지 못하도록 힘써 기도해주십시오. 찬바람이 창문과 내 마음을 세차게 두드립니다. 이 겨울 안온한 침묵에 들어갈 수가 없겠습니다. 집이라는 내 피부를 바람이 자꾸만 흔들기 때문입니다.

하늘나라 금 단추

민들레는 봄부터 가을까지 꽃이 핀다.

봄에 피는 민들레꽃은 따스한 느낌을 준다. 겨울 동안 추위에 잔뜩 웅크렸다가 민들레꽃이 필 때는 온화해지는 기후 영향도 있겠지만, 이때쯤이면 개나리, 진달래, 벚꽃 등 눈 돌리는 데마다 꽃의 제전임에도 불구하고, 유독 그 작달막한 민들레꽃에 더욱 따스함을 느끼는 것은 꽃 모양이 햇살 같아서인 모양이다.

동화 작가 정채봉 님은 민들레꽃을 '하늘나라 금 단추'라고 표현한 바 있다. 같은 꽃을 보면서도 이렇게 느낌은 다르다. 나는 그 표현이 아름다워 눈이 번쩍 뜨였다. 햇살 같다는 나의 비유는 너무나 상투적인 것인 반면, '금 단추'라는 비유는 얼마나 신선한가? 동심을 가진 동화 작가가 아니면 할 수 없는 뛰어난 자신만의 시각이라고 보여서 "역시!" 하면서 고개를 크게 주억거렸던 기억이 난다.

정채봉 작가님은 어린이와 청소년에게 좋은 작품들을 많이 남기셨다. 한참 더 그분의 작품들을 만났더라면 좋았을 것을, 작가님은 비교적 이른 나이에 하늘나라로 가셨다. 역량 있는 작가들이 유명을 달리하셨다는 비보를 접할 때마다 비통함보다 아까운 생각이 먼저 든다.

우리나라 문학계의 장르마다 튼튼한 산맥을 이루는 분들이 더 많아야 우리도 노벨 문학상을 꿈꿔볼 수 있지 않겠는가? 이웃 나라 일본이 몇 번씩 받은 상이 우리는 단 하나도 없다는 것이 은근히 샘나고 자존심도 상한다.

최근 들어 읽은 책 중에는 『엄마는 아직도 여전히』를 인상 깊게 읽었다. 소설 『나목』의 작가 박완서 선생님의 따님이신 호원숙 여사가 어머님을 그리워하며 써내려간 에세이집이다. 존경하는 작가의 삶의 이야기를 담은 책이라 더 관심을 끌었지만, '모전여전'이라 할 만큼 탄탄한 문장력도 내 마음을 사로잡았다.

독서를 하다 보면 문장이 물 흐르듯 자연스럽고 편안해서 단숨에 읽히는 책이 있는가 하면 몇 페이지 읽기도 전에 졸음이 쏟아지는 책도 있다. 그것은 물론 독자의 취향에 따라 사람마다 다르게 느낄 수 있는 것이지만, 보편적인 잣대로 따져본다면 거의 대가들의 작품은 쉽게 읽히면서도 뜻은 깊고 분명하다.

기왕에 작가 얘기가 나왔으니 내가 특히 애독하는 작가 한 분을 짚고 넘어가려 한다. 그분은 바로 『칼의 노래』를 쓰신 김훈 작가님이시다.

나는 그분의 소설을 처음 읽었을 때 어떤 충격 같은 걸 느꼈었다. "어머! 이렇게 아름다운 문체도 있을 수 있구나!"라는 감동이 끝도 없이 밀려와 숨도 제대로 못 쉬고 단숨에 읽어 내려갔다. 이렇게 현존하는 작가들이 계셔서 나는 참 행복하다. 그분들이 계속해서 좋은 글을 써내시는 한, 행복한 독서 삼매경에 빠질 수 있으니 이 얼마나 좋으냐!

올해도 이룬 것 없이 또 가을은 깊어 가는데, 길가의 민들레가 오소소 추운 얼굴로 하늘나라 금 단추를 여민다. 이른 봄에 이 땅에 이사 온 하늘나라 풀꽃들은, 아름다운 이 세상 참 살기에 좋았노라며 다시 하늘로 돌아갈 채비를 한다. 머리에 씨앗 보따리 하나씩 이고 떠나는 아쉬움에 고개를 살래살래 흔든다. 내년 봄에 다시 보낼 이들의 후손들은 또 얼마나 세상을 아름답게 채워주려나! 이 풀꽃 하나만도 못한 나는, 언제나 영근 글 씨앗 한 톨 머리에 이고 내 머물렀던 자리 아름답게 마무리할 수 있으려나!

사랑에 대하여

진리를 찾는 구도자(求道者)로서 속세를 떠나 출가 수행하는 승려들이 제일 먼저 매달리는 화두(話頭)는 '나는 누구인가?'라는 것이라 한다. 여기서 묻는 '누구?'라는 물음이 성명이나 성별, 성격 등을 묻는 것이 아님은 주지의 사실이고 보면 이 어려운 질문에 냉큼 대답할 수 있는 사람은 많지 않을 것이다.

수 세기를 거쳐 오면서 후학들의 끊임없는 탐독 대상이 되고 있는 위대한 철학자 소크라테스도 자신을 모른다 하지 않았던가! 그래서 그의 화두(話頭)는 오로지 '너 자신을 알라'라고 한다. 웬만하고 어지간한 문제라야 호기심으로라도 한 번쯤 생각해보려고 덤벼들 테지만, 꼬투리조차 붙잡기 어려운 도무지 엄두 안 나는 문제라서 나는 궁금증조차 품지 않은 채로 그냥 살고 있다. 그런데 우연히 읽게 된 어느 구도자(求道者)의 저서에서 그와 유사한 물음을 또 만났다.

책의 내용을 간추려보면, 미국 하버드대학의 내로라하는 천재들이 우리나라의 명망 높은 대선사에게 던진 질문이 "What is love?"였다고 한다. 이것 또한 만만치 않은 질문임엔 틀림없다. 그런데 해탈을 하셨다는 대선사의 대답은 의외로 간단한 것이었다. (간단하다고 이해한 내 생각이 난센스일지는 모르겠지만) 대선사께서는 질문자를 그윽하게 바라보시다가 말씀하신다. "I ask you. what is love?"라고 되물었다. 질문한 학생이 할 말을 잃고 가만히 있자 선사께서 다시 말씀하신다.

"You ask me. I ask you. this is love."

그 문장을 읽으면서 나는 그 어려운 질문에 조그만 실마리를 알 것 같은 느낌이 들었다. 나는 기독교인이기 때문에 성경책 말고는 다른 경전을 접한 일이 없었다. 다른 종교는 알려고도 하지 않았고, 관심도 없었다. 나의 인식 속에 우리나라의 면면히 이어져 내려오는 토속적 신앙은, 유교와 불교를 적당히 버무려놓아서 이것도 저것도 아닌 샤머니즘에 불과하다는 생각 때문이었다. 그리고 지금 내가 말하고자 하는 것도 종교를 말하자는 것이 아니라 종교를 뛰어넘는 사랑, 그 본질을 말하고자 하는 것이다.

21세기를 사는 요즘, 인간의 삶은 날이 갈수록 더 복잡해지고, 사람들은 점점 더 황폐해져서 극악스러운 범죄 또한 나날이 증가하고 있는데, 어인 일인지 사랑이라는 말만은 홍수처럼 넘쳐흐른다. 단체장을 뽑는 선거철이 되면 일면식도 없는 후보자들로부터 사랑한다는 문자가 유권자인 나의 휴대전화에 셀 수 없이 쇄도한다. 이쯤 되면 사랑이라는 말의 본질은 퇴색될 대로 퇴색되어서 그 실체는 이미 이 세상에는 없는 것일 수도 있다는 생각이 든다.

나는 사랑이라는 단어를 사용하는데 아주 인색한 편이다. 그동안 내가 안다고 생각했던 초등적인 의미의 사랑마저도 별로 표현해본 기억이 많지 않다. 쑥스러움 때문에 그랬을 테지만…….

내가 사랑한다는 말을 쑥스러움도, 아무 거리낌도 없이 서슴지 않고 말하는 대상은 내 자식들도 아닌, 오로지 손자 녀석뿐이다. 생전의 남편도 나와 크게 다르지 않았다. 남편의 손자 사랑은 나보다 한 수 위여서 그의 표현을 빌리자면, 자신의 손자를 향한 사랑은 가슴으로부터도 아닌, 배꼽 밑에서부터 치밀어 오르는 뜨거운 그 무엇이라고 말한 적이 있었다. 우리 내외가 사는 본가에 가끔씩 오는 손자 녀석이 "할아버지!' 하고 불러 주면 너무 좋아서 마치 구름 위를 걷는 것 같은데, 그 녀석은 할아버지 소리를 자주 안 한다며 시무룩한 소회를 털어놓은 적이 있었다. 하나뿐인 손자여서 그럴 수도 있겠거니 하고 이해가 되어, 나는 궁리 끝에 손자 녀석이 기숙학교에 있을 당시, 편지를 써서 귀띔해 준 적도 있었다. 사랑한다는 말이 쑥스러우면 "할아버지!"라는 호칭을 자꾸만 불러 드리라고. 사랑은 그리운 사람을 부르는 관심, 거기서부터 이미 시작된 것이라고.

편지에 그렇게 써 보낸 이면에는 할아버지의 손자 사랑, 그 안타까움이 깔려 있었다는 사실을 녀석은 몰랐을 것이다. 그 오래전에 있었던 사실이 퍼뜩 떠올라 문득 그 대선사의 답변과 오버랩 되는 것이다. 같은 맥락이라는 생각이 들었기 때문이다.

이 시대를 사는 우리는 타인과 교류할 때 머릿속으로 끊임없이 계산하며 산다. 그것은 서로 죽고 못 산다는 연인들 관계에서도 거의 예외가 없다. 그래서 사랑이 무엇이냐는 질문은 이 시대에 적절한 질문인 듯하다.

그 책을 읽고 며칠 동안 '사랑'이라는 화두에 사로잡혀 있었다. 확신은 없지만 선사의 말뜻이 뭔가 잡힐 듯 말 듯 머릿속에서 수없이 자맥질을 해대는 통에 다른 일에 통 집중하기가 어려웠다.

기독교의 핵심은 '사랑'이다. 그런데 기독교인이라고 자처하는 내가, 나름대로 오랜 세월 신자라고 말하는 내가, 그 교리의 핵심이 되는 사랑을 몰라서 지금 쩔쩔매고 있다는 것이 정말 웃기는 아이러니 아닌가? 사람들이 너무나 쉽게 뱉어버리는 '사랑합니다.'라는 말 속에 진정한 사랑은 없다. 세속에 찌들어 온갖 잡것이 뒤섞인 사랑이란 말의 본질, 파고들면 파고들수록 점점 더 오리무중이어서 며칠을 끙끙거리다가 결국은 결론을 얻지 못하고 손을 들어버렸다.

'진리를 알지니 진리가 너희를 자유케 하리라.'

예수님의 이 말씀이 요즘처럼 큰 울림으로 다가든 적이 일찍이 없었던 것 같다.

당신과 나

당신과 함께 산 세월
사십사 년

날카로운
첫 키스의 기억도 없이

처음 몇 년간은
지겹도록
싸우면서 살았고
그다음은
소 닭 보듯 덤덤하게 살았고
또 그다음은
서로가 서로를 측은히 바라보며
살았었지

지금,
당신 없는 지금,
그 합쳐진 세월의 회오리가
밤의 심연보다 깊어서

싸우면서 살아도 좋으니

나 당신과

하루만 더 살았으면 좋겠네

나의 우물

농한기가 이어지는 겨울 동안은 비교적 남는 시간이 많아서 독서를 하면서 여가를 보내는 편이다. 얼마 전 도서관에서 읽을 만한 책을 고르다가 파란 눈의 서양 승려가 쓴 책이 눈에 들어와 호기심을 강하게 자극했다. 고정관념으로 보자면 그것은 기이한 일처럼 생각되었기 때문이다. 동양의 종교에 서양 승려라는 것도 호기심을 끌기에는 충분했지만, 도대체 무슨 말을 써 놓았을까 하는 생각으로 처음에는 그저 덤덤히 읽어가다가, 점점 그의 이야기 속으로 빠져들어 마침내는 단숨에 책 한 권을 다 읽어버렸다. 그것이 실마리가 되어 그동안 생각해 보려고도 들지 않았던 타 종교를 깊이 들여다보게 되었다.

평소의 내 종교관을 말한다면 모든 종교란 어차피 뛰어난 도덕 선생님일 테고, 그 모든 도덕성까지 아울러 세상을 만드신 분이 내가 믿는 하나님이라고 굳게 믿었으므로 다른 종교에는 그저 무관심했다. 사람들은 세상사를 넓게 보지 못하거나 보편적인 상식이 결여되어서 자기만의 시각에 빠진 사람을 가리켜 흔히들 '우물 안 개구리'로 비유한다. 그것이 적절한 비유인지는 모르겠으나 그러한 잣대로 생각한다면 나는 제대로의 우물도 못 되는 맨홀 안의 개구리인지도 모르겠다. 한정된 공간 안에 갇혀서 거기가 세상의 전부라고 생각하며 사는 개구리. 그 개구리는 행복한 개구리일까, 불행한 개구리일까? 그 점을 생각해 볼 때 어느 한쪽으로만 규정지어 생각할 필요는 없을 것 같다. 왜냐하면 '아는 것이 병이요, 모르는 게 약'이라는 말도 있듯이 뭔가를 알므로 해서 오히려 괴로움이 생겨나는 경우는 허다하게 많으니 말이다. 그렇다고 엄연히 존재하고 있는 우물 밖 세상을 없다고 박박 우기는 것도 또한 답답하고 한심한 노릇임에는 틀림없다.

사람은 누구나 자신만의 우물을 하나씩 가지고 살기 마련이다. 그 우물이 넓은 것이거나 혹은 아주 좁은 것이거나 하는 차이는 있겠지만 말이다. 그 우물을 형이하학적인 것으로만 따져본다면 글로벌한 요즘 세상에서는 별로 의미가 없는 말일 수도 있다. 그러나 형이상학적으로 보자면 우물의 개인 차이는 아주 크고 달라서 첨예한 대립 양상을 보이기도 한다. 특히 종교 문제로 들어가면 그것은 더욱 확실해진다.

몇 년 전 가까운 지인들과 강원도 쪽으로 여행을 간 적이 있었다. 강원도는 산세가 수려해서 명승 고찰들이 여럿 산재해있다. 그중에 한 사찰을 지나쳐 가게 되어서 오래된 절이니 경내를 좀 둘러보고 가자고 제안을 했다. 그랬더니 일행 중에 몇몇이 펄쩍 뛰면서 반대를 한다. 그러면서 나를 신앙의 배신자쯤으로 여기는 듯한 시선을 보낸다.

'뭐, 정 싫다면 할 수 없지!' 하는 심정으로 그곳을 그냥 지나쳐 갔지만, 나는 그들의 생각을 이해할 수 없었다.

이건 좀 오래된 얘기지만, 강원도 양양에 있는 낙산사가 2005년도에 산불로 대부분의 전각을 잃었던 안타까운 사건이 있었다. 그 전각들을 복원하려고 그 당시 범국민적 모금 운동을 벌일 때의 일이다. 그때 일부 기독교인들은 그 모금 운동을 가지고 이러쿵저러쿵 말이 많았다. 내가 교회에서 자주 어울리던 소그룹들도 예외는 아니어서 그때의 모금운동을 강하게 비판하고 나섰다. 그중에 한 집사님의 주장이란 이랬다.

"그 우상의 집이 불타서 없어지거나 말거나 그게 우리와 무슨 상관이라고 돈까지 걷는단 말이냐. 그런 우상 숭배의 집은 없어질수록 우리들(기독교인들)은 좋아할 일인데, 돈을 걷다니 당치 않다."

그저 묵묵히 입 다물고 그들의 얘기를 듣기만 했지만, 속으로 경악을 금치 못했다. 계속 침묵을 지키자 그중에 나와 비교적 친했던 집사가 나의 동의를 구하는 것이다. 자신의 말이 맞는 말 아니냐는 것이다. 참 난처했다. 나는 그들의 생각에 동의하지 않기 때문이다. 그러나 자꾸만 물으니 내 생각을 말하지 않을 수 없었다.

"집사님, 그건 그렇지가 않아. 모금에 참여하고 아니하고는 각자의 자유야. 그렇지만 그 사찰은 재건되어야 하는 것이 맞아. 왜냐하면 그 천년 고찰들은 종교적인 시각으로만 보아서는 안 되고, 우리의 문화재인 만큼 아끼고 보존해야만 하는 소중한 우리 민족의 자산이야."

그 뒤로 그 집사와 나와의 관계는 이전보다 훨씬 서먹서먹한 사이가 되어 버렸다.

상대방의 생각이 내 생각이나 신념과 다르다고 해서 상대에게 폭력적인 언행을 쓴다는 건 대단히 곤란한 일이다. 우리의 국보 1호인 숭례문도 그러한 어처구니없는 인간의 무지가 불러온 되돌릴 수 없는 불행이 아니던가!

유럽 쪽으로 여행을 다니다 보면 여행상품에 반드시 포함되어 있는 게 그 나라의 오래된 성당이다. 몇백 년에 걸쳐 지어진 고색창연한 건물들을 단지 종교적인 시각으로만 바라보는 사람은 없다. 물론 기독교인들이 갖는 감회가 남다를 수밖에 없다는 것은 두말할 여지가 없는 일이기는 하지만 종교를 떠나서 그 문화재 자체에 압도당하는 경우가 더 많다. 그 건물들은 종교를 떠나서 그들이 아끼고 자랑스러워하는 문화재다. 만약 유럽에서 중세기의 건물들을 종교적인 이유로 몽땅 허물어버린다면 과연 그들에게 남는 것이 무엇일까? 무엇으로 굴뚝 없는 산업이라는 관광 업계를 이끌어 갈 것인가?

현재 유럽 각지에 산재해 있는 가톨릭 성당들은 그들의 종교 신념과는 거의 무관하다. 어쩐 일인지 해를 거듭할수록 유럽에서 가톨릭 신자 수는 줄어드는 추세라고 한다. 그렇다고 그들이 성당에 불을 질러서 자기들의 종교 신념만을 우기려고 하겠는가? 내가 모르는 세계라 해서 그것을 함부로 부정해서는 안 된다고 생각한다. 다만 내가 모르고 있는 우물 밖 세상을 알기 위해 열심히 노력하여 각자가 가진 우물의 지평을 넓히려는 노력만이 성숙한 자세가 아닐까?

그 서양 승려의 책을 통하여 한 가지 깨달은 것은, 모르는 세계에 대하여 함부로 비판해서는 안 된다는 사실이다. 나보다 잘난 사람, 나보다 경륜이 높은 사람들이 세상에는 얼마나 많은데, 서 푼어치도 못 되는 알량한 지식을 가지고 아는 척 나대는 것은 얼마나 부끄러운 짓인가! 예수님께서는 성자이심에도 불구하고 겸손히 끊임없는 고행을 통하여 당신의 지평을 완성하셨다.

지금은 우주로 눈을 돌리는 시대이니만큼 따지고 보면 이 지구 자체가 좁은 우물이고, 우리는 모두 지구라는 우물 안 개구리에 불과하다. 이 엄연한 사실 앞에서 티끌보다 작은 인간이, 무엇을 얼마나 안다고 나설 수 있겠는가? 그 서양 승려가 매달리는 화두는 '오직 모를 뿐'이라고 한다. 그 말의 깊이가 헤아려지지 않아 한동안 멀거니 앉아 있었다.